本书为国家自然科学基金项目（71402105）研究成果

顾客选择行为中的多期望作用模式及其更新研究：服务属性视角

RESEARCH ON THE EFFECT MODE AND RENEWAL OF
MULTI-EXPECTATION IN CUSTOMER CHOICE BEHAVIOR:
BASED ON SERVICE ATTRIBUTES PERSPECTIVE

徐娴英 ◎ 著

图书在版编目（CIP）数据

顾客选择行为中的多期望作用模式及其更新研究：服务属性视角 / 徐娴英著.
—北京：经济管理出版社，2019.7
ISBN 978-7-5096-6643-2

Ⅰ.①顾…　Ⅱ.①徐…　Ⅲ.①消费者行为论—研究　Ⅳ.①F713.55

中国版本图书馆 CIP 数据核字（2019）第 106427 号

组稿编辑：赵亚荣
责任编辑：赵亚荣
责任印制：黄章平
责任校对：王纪慧

出版发行：经济管理出版社
　　　　　（北京市海淀区北蜂窝 8 号中雅大厦 A 座 11 层　100038）
网　　址：www.E-mp.com.cn
电　　话：（010）51915602
印　　刷：三河市延风印装有限公司
经　　销：新华书店
开　　本：720mm×1000mm /16
印　　张：12.75
字　　数：209 千字
版　　次：2019 年 8 月第 1 版　2019 年 8 月第 1 次印刷
书　　号：ISBN 978-7-5096-6643-2
定　　价：62.00 元

·版权所有　翻印必究·
凡购本社图书，如有印装错误，由本社读者服务部负责调换。
联系地址：北京阜外月坛北小街 2 号
电话：（010）68022974　　邮编：100836

前　言

在激烈的市场竞争环境中，服务企业只有成功吸引顾客选择，才能最终赢得市场。实践中，企业在进行很多业务活动，如进行新产品的研发设计、产品生产和销售时，都希望获悉"顾客期望的企业产品是什么样的"，似乎把握了顾客期望，就能保证企业在制定产品策略和营销策略时做"正确的事情"。同时，一系列文献的研究结果表明，对顾客期望的研究有助于企业提升市场业绩、吸引和保留顾客。如 Mishina、Dykes、Block 和 Pollock（2010）指出，对顾客期望的满足情况是考核公司市场业绩的唯一指标。Satya、Ganesan 和 Ravichandran（2012）的研究显示，设置准确的顾客期望，能吸引到准确的目标顾客。Lin 和 Wu（2011）的研究成果表明，顾客对服务企业未来的期望会直接影响到顾客未来的消费行为决策。Parasuraman、Berry 和 Zeithaml（1991）也提出理解顾客期望是提供优秀服务的关键。可见，顾客期望是企业市场营销活动的出发点。服务企业应善于了解顾客期望，并通过一定的营销手段对顾客的期望进行有效的引导、设定和管理，从而吸引顾客选择，获取并保留顾客。顾客期望对顾客选择的影响伴随着顾客选择服务、体验服务和评价服务的全过程。

实践中，面对激烈的市场竞争和日趋多样的消费选择，服务企业吸引顾客选择的手段也不再局限于广告和普通的促销活动，各种"怪招"层出不穷。有些商家为了吸引顾客，不仅花样百出，更不惜成本和代价，以博人眼球。可是顾客期望见到的真的是这些吗？从实际促销效果看是"雷声大雨点小"，看热闹的人居多，真正消费的人偏少。看来要想真正吸引顾客买单还必须在硬件产品上下功夫。于是，也有企业试图通过产品创新吸引顾客选择。如随着科技的迅猛发展，融合产品（通过增加产品属性进行集成的产品）如雨后春笋般出现。然而，并非每个融合产品都能赢得市场掌声、获得持久发展，繁荣不起来的可穿戴设备就是实例。同时，也不乏反其道而行之的企业，想持久吸引顾客，又怕顾客期望太高难以满足，而

顾客选择行为中的多期望作用模式及其更新研究：服务属性视角

采取绝不"惯着"顾客的服务态度提供服务，其结果可想而知。企业想要"基业长青"，只靠盲目增加一系列附加服务是行不通的。从短期来看，这些方法可能偶尔奏效，但从长期审视，却有哗众取宠之嫌，非可取之策。所以，如何科学利用服务属性期望持久吸引顾客选择，是服务企业关注和需要解决的问题。

从期望相关文献研究的视角分析发现，基于属性视角，研究信息对顾客期望的影响成为新的关注。Golder 等（2012）论证得出，顾客感知到的信息来源于每一个属性，质量的生产与体验都集中在属性层面。顾客作为联合生产者或通过观察生产过程，收集属性信息形成属性期望。这提示我们对顾客期望的研究视角，从总体期望视角转移到基于属性的视角，在顾客行为的分析中会得到很多有益的答案。从期望应用研究的框架看，在同一框架下，如服务评价或服务补救研究中，应用多期望能更好地解释实际现象（Boulding 等，1993；陈可和涂荣庭，2009）。Golder、Mitra 和 Moorman（2012）指出，之前学者描述和定义了很多期望，但很少在一个框架下同时使用，使学者对多期望间的共同作用机理存在很多不清晰的地方。例如，虽然文献中存在许多的期望种类，但在实践应用中却发现无论选择哪一种类的期望都不足以充分捕捉顾客评价（服务质量评价与顾客满意度评价）中被称为"期望"的心理标准。单一视角的期望作为感知的比较标准，无法很好地解释服务质量及顾客满意的形成（徐娴英等，2010，2012）。人为地、独立地去收集某一期望分值作为服务质量和顾客满意的比较标准，此种做法缺乏相应的说服力和实证结果的支持（徐娴英等，2010）。

本书在多期望共同作用框架下，基于属性视角，聚焦于顾客选择领域中多期望模式相关的如下三个研究问题：服务消费前，不同的服务产品类型下，顾客选择行为中的期望模式如何？服务消费过程中，哪些信息会对顾客期望模式产生影响及机理如何？服务消费结束后，顾客评价对顾客期望模式更新的影响机理怎样？

与国内外相关研究比较，本书具有如下特色和创新之处：

（1）提出基于服务属性的期望模式概念，将单一框架的研究思路推向多框架。已有文献对期望的研究大多局限在单一框架下，仅有几篇文献在同一框架下使用多个期望。因为没有给出新的针对"组合期望"的概念，所以缺少对期望间存在的相互作用问题的检验。期望间存在相互作用的证明，反过来为多期望框架提供支持：很难剥离其他期望的干扰研究单一期望的效应，存在高阶的期望模式概念。在这一基础上，本书将期望指向明确转移到服务属性上，提出基于服务属性的期望模式概念，即服务产品中所有服务属性在期望二维矩阵中的分布就是顾客对该服务产品的期望模式，并以多期望共同作用于顾客选择行为为突破口，从服务属性独特视角出发，充分阐释服务消费全过程中"信息—顾客认知—期望模式—选择行为"的心理过程机制。这些都是顾客选择行为、顾客期望理论现阶段尚未涉及的重要议题。本书可实现从服务属性视角下解读重要性期望与可能性期望的关系模式在服务消费全过程中的作用及更新机理。由于相关研究缺乏，本书的完成可为该领域的研究提供一些有意义的线索。

（2）从信息视角拓展顾客期望模式的影响因素分析，特别检验其他顾客消费信息线索对顾客期望的作用过程。基于认知心理学和信息加工学探寻顾客期望模式的影响因素。将已有对顾客期望影响因素的研究视角拓展到顾客认知与信息加工层面。从服务接触中的信息来源与顾客信息加工特征出发，辩证性分析其他顾客提供的消费信息与企业提供的产品信息对顾客期望影响的差异，提示并唤起服务企业对其他顾客消费信息的展示、关注、管理与控制。已有文献没有研究、探索和发现对类别线索期望变更有负向作用的因素。其他顾客消费信息的双向作用效应如能得到证明，将解释现实生活中为什么会出现不合理但却能得到蔓延的消费现象的原因。

（3）应用归因理论验证顾客评价对期望模式更新的影响。回顾文献可见，现有成果只限于发现并在较长时间后观察顾客期望的变化。在期望动态性研究中得出两类与常理相悖的结论：经历正向不确认期望提升、经历负向不确认期望不变。本书指出，期望的变更是有条件的，不是永续提升也不是长期不变的，而是会受到对评价结果归因过程的影响；验证了服务消费后顾客评价对期望模式变更的影响及重要性期望存在的过滤与屏蔽信息的作用对可能性期望的影响；关注并收集服务接触过程中，服务体验的顾客评价结果对顾客期望模式变更的影响，为服务运营过程中期望模式的引导与设定提供必要的指导。

本书的研究活动始于 2014 年 8 月，是笔者主持的一项自然科学基金项目"顾客选择行为中的多期望作用模式及其更新研究：服务属性视角"的成果与调研的总结和扩展。由于笔者知识有限，本书的研究内容还局限在服务领域中顾客期望的相关问题上，使本书的内容并不能反映顾客期望与顾客行为的全貌，还需要更深入的研究来进行完善。本书的研究内容得到赵晓洁、杨丽雪、王子钰、胡晓丹和姜晏同学的大力支持。在本书不同章节的研究内容上，这几名同学在实验材料设计、数据收集、数据分析方面做了大量的工作。在此一并表示感谢！

在本书主体内容的研究过程中笔者参考了国内外同行的著作和文章，尽管已在参考文献列表中尽可能地一一列出，但难免会有遗漏。在此特向从事本领域相关研究的前辈和同行们表示最诚挚的谢意。

由于笔者水平有限，本书在选题和论述等方面难免有不当之处，欢迎读者批评指正。

徐娴英

2019 年 5 月

目 录

第1章 绪论 ……………………………………………………… 1
    1.1 研究背景 ………………………………………………… 1
    1.2 研究问题 ………………………………………………… 3
    1.3 研究目的 ………………………………………………… 4
    1.4 研究意义 ………………………………………………… 5
    1.5 研究思路与研究方法 …………………………………… 7
    1.6 本书结构 ………………………………………………… 10

第2章 顾客期望研究进展 …………………………………… 12
    2.1 顾客期望定义与种类划分 ……………………………… 12
    2.2 顾客期望的影响因素 …………………………………… 15
    2.3 顾客期望的变化 ………………………………………… 18
    2.4 顾客期望的效应与应用 ………………………………… 19
    2.5 顾客期望在应用中的问题 ……………………………… 23
    2.6 顾客期望研究述评 ……………………………………… 24

第3章 顾客行为相关理论研究 ……………………………… 27
    3.1 顾客行为的相关研究 …………………………………… 27
    3.2 顾客选择行为相关研究 ………………………………… 28
    3.3 顾客选择模型 …………………………………………… 33
    3.4 顾客期望与顾客选择行为研究述评 …………………… 40

第4章 顾客心理相关理论研究 ……………………………… 42
    4.1 顾客心理相关理论 ……………………………………… 42

4.2　不同服务类别下的顾客认知需求差异研究 …………… 56

第5章　顾客选择行为中的期望模式研究 ………………… 73
　　5.1　构建基于服务属性视角的顾客期望多维结构 ………… 73
　　5.2　顾客人口统计信息、服务属性与顾客选择行为 ……… 76

第6章　企业信息呈现方式、顾客认知需求与顾客期望 …………………………………………………………… 86
　　6.1　问题的提出 ………………………………………………… 86
　　6.2　研究模型 …………………………………………………… 87
　　6.3　研究假设 …………………………………………………… 88
　　6.4　实验设计与数据收集 ……………………………………… 92
　　6.5　数据分析与结果讨论 ……………………………………… 94
　　6.6　结论 ………………………………………………………… 102

第7章　负面在线评论对顾客在线选择影响的实证研究 ………………………………………………………………… 105
　　7.1　问题的提出 ………………………………………………… 105
　　7.2　研究模型 …………………………………………………… 106
　　7.3　研究假设 …………………………………………………… 107
　　7.4　实验设计与数据收集 ……………………………………… 112
　　7.5　数据分析与结果讨论 ……………………………………… 118
　　7.6　结论 ………………………………………………………… 124

第8章　基于归因理论的顾客期望变更研究 ……………… 128
　　8.1　问题的提出 ………………………………………………… 128
　　8.2　研究模型 …………………………………………………… 129
　　8.3　研究假设 …………………………………………………… 129
　　8.4　实验设计与数据收集 ……………………………………… 132
　　8.5　数据分析与结果讨论 ……………………………………… 133
　　8.6　结论 ………………………………………………………… 141

第9章 结论与展望 143
9.1 研究结论 143
9.2 研究贡献 144
9.3 研究局限性与未来研究方向 145

参考文献 148

附　录 172
附录Ⅰ 人口统计变量与认知需求 172
附录Ⅱ 服务属性筛选 174
附录Ⅲ 顾客选择情景调查问卷 176
附录Ⅳ 认知需求量表 177
附录Ⅴ 企业信息呈现方式对顾客期望的影响调查问卷 179
附录Ⅵ 负面在线评论对顾客选择影响的预调查问卷 182
附录Ⅶ 负面在线评论对顾客选择行为影响的正式实验问卷 184
附录Ⅷ 基于归因理论的顾客期望变更研究的调查问卷 189
附录Ⅸ 期望变更研究中的12种情景 191

第 1 章

绪 论

本章主要阐明本书的研究背景、研究问题、研究目的、研究意义、研究方法、研究思路以及全书结构。

1.1 研究背景

在激烈的市场竞争环境中,服务企业只有成功吸引顾客选择和保留顾客,才能最终赢得市场。实践中,企业在进行很多业务活动时,如进行新产品的研发设计、产品生产和销售,都希望获悉"顾客期望的企业产品是什么样的?"似乎把握了顾客期望,就能保证企业在制定产品策略和营销策略时做"正确的事情"。顾客期望是企业市场营销活动的出发点。服务企业应善于了解顾客期望,并通过一定的营销手段对顾客的期望进行有效的引导、设定和管理,从而吸引顾客选择,获取并保留顾客。顾客期望对顾客选择的影响伴随着顾客选择服务、体验服务和评价服务的全过程。

笔者检索了 2000~2019 年(其中 2019 年文献数量包含了已发表和待发表的相关文献)以"顾客期望"和"顾客选择"为关键词的中英文文献。中文文献选择来自国家自然基金委认定的管理科学类重点期刊(13 种)为检索源,英文文献以英国 The Association of Business Schools(ABS)下的营销类三星及以上期刊(17 种)为检索源,另补入两种相关期刊 *Journal of Consumer Psychology*、*Journal of Service Research*,进一步筛选、保留研究背景为服务消费领域的文献。分别检索到文献 293 篇、244 篇,其中从顾客期望视角研究顾客行为的文献 59 篇,如图 1-1 所示。

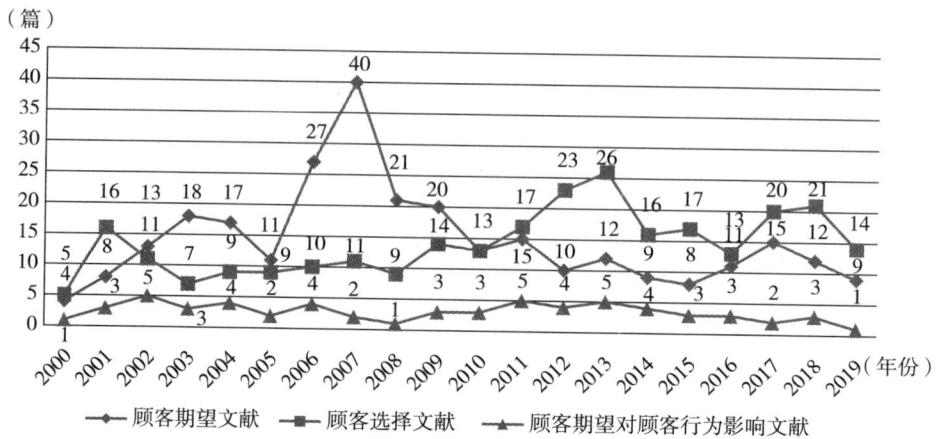

图 1-1 顾客期望、顾客选择、顾客期望对顾客行为影响文献基于时间的总体走势

从图 1-1 中的顾客期望相关文献的走势特征看，已有文献对顾客期望的研究展现出持续未间断的态势，并且顾客期望研究文献数量由于受到对顾客满意和顾客价值研究热度的影响，在 2006~2008 年达到一个新的研究高峰。顾客选择相关文献在 2000~2010 年则呈现持续平稳特征，但在近 10 年（2010~2019 年）由于国内外学者对网络消费环境的关注，从信息对顾客期望和顾客行为影响的视角进行探讨，使国内外关于顾客选择行为的研究数量上涨，并保持持续热度。其中涉及顾客期望对顾客行为影响的文献，基于不同的研究背景从未间断。综合这些趋势可知，顾客期望、顾客选择行为在服务营销学科中是被持续关注的构念，随着新概念的出现和应用情景的不断创新，顾客期望理论与顾客选择行为从不同的视角被丰富与完善。系列文献的研究结果表明，对顾客期望的研究有助于企业提升市场业绩、吸引和保留顾客。然而，已有文献对两类构念的研究历程却更像是两条偶有交叉的相互独立的直线，对两者结合交叉研究的文献少之又少。检索到的结合顾客期望与顾客选择研究的文献有三篇，为 Benedicktus（2011）、Wyer（2011）和 Mauria（2013）。并且仅有的三篇结合也只是将期望作为桥梁，各有侧重地探讨顾客选择或信息作用的机理，对这一过程中顾客期望的效应与更新机制关注不足。目前，顾客期望对顾客选择行为的影响结论仍停留在"提升顾客期望可增加顾客对未来产品选择行为的可能性"上。显然，这种对"实际很复杂的问题进行简单的回答"不利于指

导企业实践。关于如何提升顾客期望、怎样增加顾客选择并不清晰。将服务产品看作一系列服务属性的组合，顾客会选择更好地满足关键需求的服务，还是会青睐在某些方面业绩较佳的服务，这一问题在单一期望框架下，基于总体期望视角似乎很难找到答案，也许正是由于这样的视角与框架的原因限制了基于顾客期望对顾客选择行为的研究。

从期望相关文献研究的视角分析发现，基于属性视角，研究信息对顾客期望的影响成为新的关注点。从期望应用研究的框架看，在同一框架下，如服务评价或服务补救研究中，应用多期望能更好地解释实际现象（Boulding 等，1993；陈可和涂荣庭，2009）。

综上，我们发现顾客期望与顾客选择行为是学术界与企业界共同关注的问题，关于顾客期望与顾客选择行为，学者们虽然从不同的视角进行了丰富的研究，然而关于两者之间关系的研究却相对不足，更没有尝试在同一框架下，基于属性视角研究顾客选择行为中的多期望模式特征及其更新。已有研究成果将焦点聚集在顾客体验与顾客评价行为，而本书将重点放在顾客选择行为下的期望模式，同时不仅仅局限在期望模式的效应，还扩展到期望模式的形成与更新问题，所以研究的内容和重点与已发表成果明显不同。

1.2 研究问题

不同的服务企业所提供的服务产品总是会有不同的服务属性组合。服务属性依据在满足顾客需求时发挥作用的大小分为高重要性属性与低重要性属性，依据可能业绩水平的高低分为高业绩可能性属性与低业绩可能性属性。服务属性与顾客选择行为之间的重要联结变量就是顾客期望。依据不同的服务属性划分标准，定义相应的基于属性的顾客期望为重要性期望与可能性期望。那么，顾客在进行服务选择时，倾向于选择以较好地满足需要为主的服务商还是会以繁多的附属服务带来的体验为重？即重要性与可能性间的分布模式，哪种最易引起消费选择？搜寻服务、体验服务与信任服务下顾客选择行为中的期望模式有何区别？对这些问题的回答，可以让企业对所从事的产品创新有更加客观的认识，进一步明确增加的属性是否会成为吸引顾客选择的筹码，还是只会徒增企业成本。

顾客选择伴随全服务过程，不仅发生在服务接触前，还发生在服务接触过程中和服务接触消费后。如在饭店，顾客面临的食品种类众多，不同的选择对顾客体验会有较大的影响。再如，顾客是否进行互动的选择会影响到沟通的充分性，最终影响消费体验，而顾客的消费体验评价会影响顾客未来的选择行为。这些选择行为同样受到顾客期望的影响，遵循相同的期望模式。然而，顾客的期望模式不是一个既定的状态，顾客期望是具有动态性特征的（Boulding 等，1993；Higgs 等，2005）。同时，Poor 等（2013）的研究表明顾客期望会受到服务接触信息的影响而发生变化。Higgs 等（2005）的研究表明顾客期望会受到顾客经历评价的影响而发生变化。在了解了顾客选择行为中的期望模式特征之后，探索服务接触过程中期望模式的影响因素和服务消费后期望模式的变化就显得尤为重要。于是，提出如下两个后续研究问题：在服务接触过程中，受服务接触信息的影响顾客期望模式如何变化？受体验后评价的影响，顾客期望模式如何变化？只有进一步把握顾客期望在接触中与接触后的变化，才有可能帮助企业去引导和设定顾客期望，才有可能赋予企业在服务流程中应用信息对顾客期望进行管理与操控的可能性，从而实现指导顾客的深度选择和未来选择。这些研究结果预计对增强企业控制力有较好的帮助。

综上，本书在多期望共同作用框架下，基于属性视角，聚焦在顾客选择领域中多期望模式相关的如下三个研究问题：

问题1：服务消费前，不同的服务产品类型下，顾客选择行为中的期望模式如何？

问题2：服务消费过程中，哪些信息会对顾客期望模式产生影响？机理如何？

问题3：服务消费结束后，顾客评价对顾客期望模式更新的影响机理怎样？

1.3 研究目的

总体目标：本书旨在揭示整个服务消费过程中，顾客选择行为中的期望模式及服务消费中、消费后顾客期望模式的更新机理。具体包括以下三个子目标：

子目标1：考察顾客选择行为中的期望模式特点。基于搜寻服务、体验服务、信任服务，从服务属性视角出发，收集顾客的重要性期望和可能性期望，剖析顾客选择的服务及其服务属性在二维期望矩阵中的分布模式特征。

子目标2：从其他顾客消费评价信息、企业信息呈现方式和顾客信息加工特点三个视角出发，探寻服务接触信息对顾客期望模式的影响。探索并尝试解释其他顾客消费信息对重要性期望可能存在的双向影响作用；挖掘重要性期望可能存在的信息过滤与屏蔽作用，探索多期望间是否存在相互作用现象。

子目标3：基于归因理论检验顾客评价结果对顾客期望模式更新的影响。探索不同服务经历（服务评价好坏）在顾客归因调节下对顾客期望的作用机理。

1.4 研究意义

1.4.1 理论意义

本书的理论意义主要体现在如下三个方面：

（1）期望作为一种心理构念，在外界刺激与顾客选择行为间起桥梁作用。本书将多期望同时应用于同一框架下，提出基于服务属性的顾客期望模式概念，综合探讨引起消费前顾客选择行为的期望模式。这一探索将在理论上从期望视角对顾客选择行为理论进行补充与完善，并丰富顾客期望在顾客行为领域的研究视角。

（2）服务消费过程中顾客期望模式更新的研究，从企业信息提供方式、其他顾客消费评价信息和顾客信息加工特点三个视角，探索服务接触信息对顾客期望模式的影响。特别从第三方顾客提供的消费信息入手，挖掘其对顾客期望模式的双向效应，提示对"其他顾客消费信息"独特作用的关注。将服务属性依据重要性进行分类，考察不同重要程度的服务属性，其可能性期望的变化机理，验证重要性期望的信息过滤与屏蔽作用，开启对顾客期望间相互作用机理的探讨，使研究具有理论上的新颖性。

（3）基于归因理论，探讨控制点归因、稳定性归因与可控性归因对期望变化的作用机理。挖掘顾客期望更新的心理过程，揭示顾客期望更新过程的调节变量，能够丰富和深化现有理论。

1.4.2 实践意义

顾客不去选择企业的服务可能有多种原因，如服务组合设计中缺少顾客期望的服务与设施、服务组合设计不适应顾客的需要或设施达不到顾客要求的水平等。之所以出现这些现象，是因为企业在向顾客提供服务前对顾客的期望模式缺少研究。本书与企业的营销实战具有高度的相关性，能够对企业市场业绩提升所面临的"如何吸引顾客选择"问题进行全方位指导。本书的实践意义主要体现在如下三个方面：

（1）顾客选择行为中的期望模式研究，有助于企业更好地了解顾客选择行为的心理机制。基于顾客选择行为中的期望模式进行企业的营销策略与信息沟通，提示企业在进行服务产品创新时，应充分考虑基于属性的多顾客期望信息，提高产品创新成功率。特别是搜寻服务、体验服务和信任服务在进行期望定位时要知晓不同行业下顾客选择行为中的期望模式差异。

（2）服务消费过程中，期望模式是不断更新变化的。服务消费过程中的顾客期望模式更新研究，可以帮助企业了解服务接触信息作用于顾客认知与行为的机制，使有针对性地提供服务信息成为可能；有助于指导企业通过设计信息提供方式，最大程度地引导和控制其他顾客消费信息对顾客期望的影响；在一定程度上实现对顾客期望的设定管理，帮助企业针对性实施营销策略，引导期望向有利于企业的方向发展。这部分内容的研究将从很多新颖的视角为企业提供顾客分类管理方法，指导服务环境信息高负荷与低负荷的设计选择，对服务接触员工的工作和服务环境设计具有指导价值。

（3）服务消费后，顾客评价对顾客期望模式变化的影响研究，有助于指导企业持久吸引与保留顾客。通过对服务流程的设计，实现在顾客期望不提升的情况下赋予顾客满意感，保证实施科学的方法管理顾客期望，实现对感知服务质量和顾客满意的有效提升。把握顾客期望模式更新变化规律，对企业设计流程、提高顾客服务体验、实现持久吸引顾客有重要的实践意义。

1.5 研究思路与研究方法

1.5.1 研究思路

依据 Weiner（1985）提出的"认知—行为模式"，外在刺激与个体随后行为之间必须经过个体内部活动的中介，即刺激引起个体的认知或思维，通过认知产生情感、期望，引起行为。外界刺激对顾客行为产生影响主要有两条路线：情感和认知。本书聚焦在认知路线上，研究的整体模型结构如图 1-2 所示。

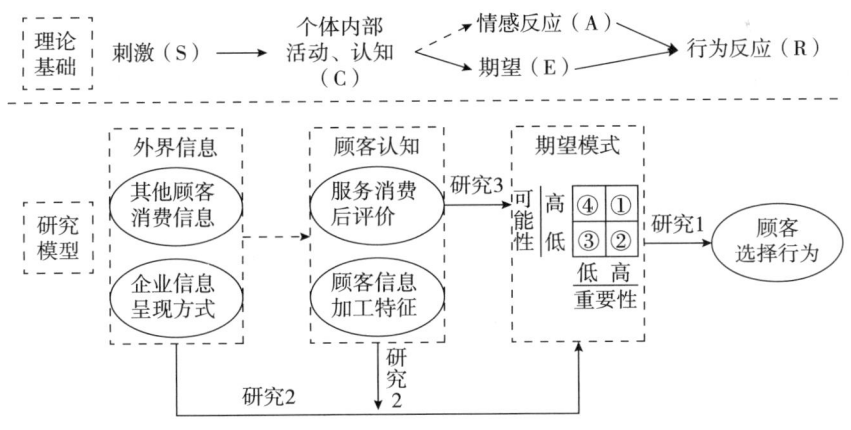

图 1-2 整体研究及各子研究间关系

注：虚线箭头表示变量间关系已有文献研究，本书不再涉及。

整体研究以服务属性为出发点,基于每一属性的重要性期望、可能性期望,系统探讨服务接触前期望模式如何影响顾客的选择(研究1);服务接触过程中的其他顾客消费信息、企业信息呈现方式及顾客信息加工特点如何影响顾客期望模式(研究2);服务接触后的消费经历评价对顾客期望模式变化的影响(研究3)。

1.5.2 研究方法

首先,通过文献综述提出所要研究的核心问题,并将问题进一步概念化为具体的模型,提出研究假设;其次,确定每个研究的测试对象后,通过调查问卷、深度访谈等方法收集数据和案例,并进行实证研究;最后,对数据结果加以讨论,得出主要的研究结论。

总体研究方法:为完成上述研究内容与研究目标,本书遵循"模型构建—实验研究—实证研究"这一研究范式,对三部分主体内容进行探索。首先,综合理论背景与实践背景构建每一部分研究内容的假设模型;其次,采用企业调研、实验方案设计和公开招募实验者等步骤完成各部分内容所需的实验研究;最后,进行主试培训、小范围问卷调查的前测分析与大样本调研方式收集数据,进行实证研究,检验各部分内容的假设、模型和机理。

研究过程中使用到的具体方法包括定性方法与定量方法。①定性研究方法。通过文献研读,获取研究视角,确定研究框架,并探寻可能的研究变量;进行企业调研与深度访谈,基于搜寻服务行业、体验服务行业和信任服务行业,收集企业服务产品定义的文本资料;基于关键事件法收集顾客关于服务产品的经历描述;对文本材料进行质化分析,获取服务属性描述;应用投射技法对顾客依据认知特征标准进行分类;应用情景实验设计与调查问卷方法对研究问题进行数据收集。②定量研究方法。主要使用的定量研究方法包括方差分析、因子分析与结构方程。

本书遵循国际学术界对于实证研究的基本要求,以较为严谨的分析方法同时进行定性和定量研究。整个研究思路如图1-3所示,下面做以详细说明。

(1)研究框架的确定。以阅读文献、实验观察和发表成果为基础,依据Weiner(1985)的"认知—行为"模型,基于"刺激(外界信息:其

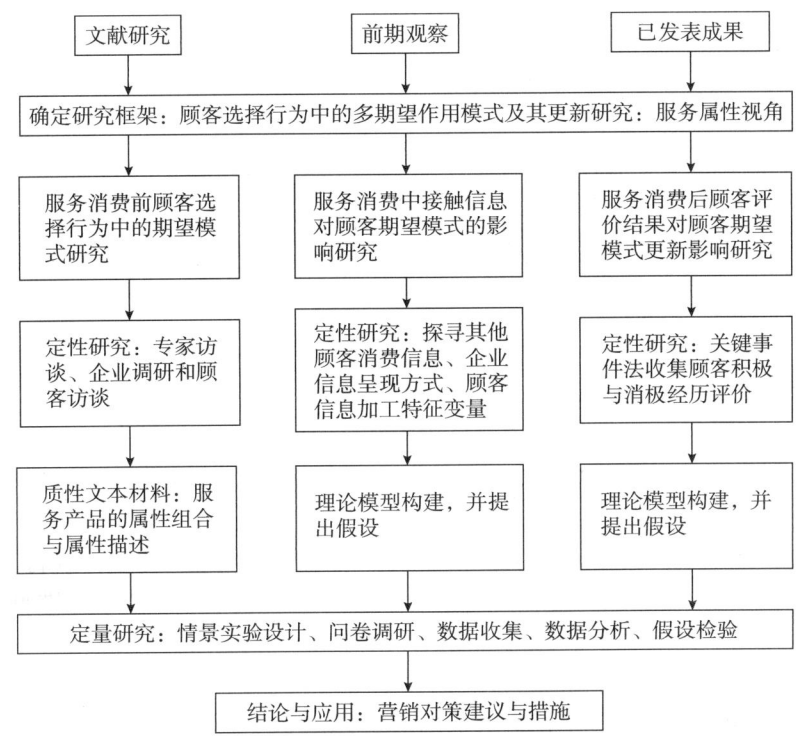

图 1-3 研究思路

他顾客消费信息、企业信息呈现方式）—个体认知（服务消费后评价、顾客信息加工特征）—期望（重要性期望、可能性期望）—行为反应（顾客选择行为）"路径确定整体研究框架。并根据相关理论进行逻辑推理，提出各子研究中的研究框架与假说。

（2）定性研究成为每一子研究开展的前期基础。研究的三项内容都以定性研究为起点：研究1通过专家访谈、企业调研和顾客访谈，获取服务产品的属性组合与属性描述的质性文本材料。研究2通过文献研究与访谈，探寻其他顾客消费信息、企业信息呈现方式和顾客信息加工特征变量。研究3应用关键事件法收集顾客积极与消极经历评价。这些宝贵的第一手质性文本资料成为后续理论模型构建与假说提出的前期基础。

（3）定量研究以完成模型拟合与假说检验。通过预实验、正式实验、问卷调查收集数据。对收集的大量样本数据和实验数据应用 SPSS、

LISREL、AMOS等统计软件进行因子分析、方差分析、回归分析、结构方程分析等，对假设进行检验。

（4）结论与应用。对结果进行讨论，形成结论。以结论为依据，给出针对顾客期望模式的营销对策建议与措施。

1.6　本书结构

第1章，绪论。在已有研究的基础上，提出本书的研究背景，确定研究目的和研究意义，阐明本书分析过程中使用的主要研究方法和研究思路。

第2章，顾客期望研究进展。首先回顾国内外顾客期望的相关理论内容，对本书涉及的核心概念——顾客期望从概念、影响因素与测量方法等方面进行综述，从而阐释顾客期望及其相关构念的研究内容与重点。

第3章，顾客行为相关理论研究。针对顾客期望文献中涉及的相关概念进行综述，具体有顾客选择模型、顾客选择行为、顾客选择心理、精细加工可能性模型与归因理论等。通过评述已有的研究成果，分析目前研究中的不足。

第4章，顾客心理相关理论研究。本章重点介绍精细加工可能性模型（Elaboration Likelihood Model，ELM）、最优唤醒模型、双过程理论、顾客认知需求、归因理论及卷入理论，最后基于不同服务类别进行了顾客认知需求差异的研究。

第5章，顾客选择行为中的期望模式研究。通过文献梳理，系统分析期望构造性定义、操作化途径、形成与效应的文献，并集成已有结论与观点，得出顾客期望基础研究有待做出转变的三个突破点——基于属性视角、多维框架、突出认知心理机制，并据此构建顾客期望的多维结构，旨在分析期望应用差异的根源所在，澄清各种理论基础与实证依据，建立顾客期望的多维结构框架，为后续研究提供参考。

第6章，企业信息呈现方式、顾客认知需求与顾客期望。有效的企业信息呈现方式可以促进顾客对企业产品认知的形成。首先，基于企业信息呈现方式的三要素——信息载荷量、单双面信息和图片信息特征，从属性视角出发，同时考虑反映顾客认知结果的重要性期望与可能性期望，构建认知需求调节下的企业信息呈现方式对顾客期望影响的关系模型；其次，选择餐饮网络销售平台作为研究背景，应用双因素方差分析对研究假设进行检验；最后，应用正交实验给出三类信息呈现要素对顾客期望影响的最优组合，旨在帮助企业理解信息呈现方式对顾客期望的影响机理，实现有效引导顾客期望，促进顾客选择的营销目的。

第 7 章，负面在线评论对顾客在线选择影响的实证研究。构建理论模型检验负面在线评论特征对顾客在线选择意向的直接影响；尝试检验时间距离、评论总数量和负面化属性重要程度对负面在线评论占比、负面在线评论一致性与顾客在线选择意向关系的调节作用。结论表明，负面在线评论占比对顾客在线选择意向具有显著负向影响，且受到评论数量多少的调节作用；负面在线评论一致性对顾客在线选择意向具有显著负面影响且受到负面化属性重要程度的调节作用；时间距离对负面在线评论特征与顾客在线选择意向之间具有调节作用，近时间距离的负面在线评论特征对顾客在线选择意向的影响大于远时间距离。

第 8 章，基于归因理论的顾客期望变更研究。以饭店餐饮服务为研究背景，设计 3 组 2×2 实验情景，分别是：2（顾客经历：好，坏）×2（控制点归因：企业内部归因，企业外部归因）、2（顾客经历：好，坏）×2（稳定性归因：偶然发生，经常发生）、2（顾客经历：好，坏）×2（可控性归因：企业可控，企业不可控）。结果表明：顾客感知评价对顾客期望有显著正向影响；顾客感知评价对顾客期望的影响受归因的调节作用，即高顾客感知评价时，内部归因判断可以显著提高顾客期望；低顾客感知评价时，偶然归因判断和不可控归因判断可以显著提高顾客期望。

第 9 章，结论与展望。根据实证研究的分析结果，对得出的主要结论进行总结，概括本书的研究贡献，指出研究的局限性以及未来的研究方向。

第 2 章

顾客期望研究进展

本章以顾客期望为核心概念，重点探讨了其内涵、影响因素、测量方法及顾客期望应用等问题。

2.1 顾客期望定义与种类划分

顾客期望是一把"双刃剑"，它一方面是吸引客户的动力，另一方面又给服务企业的经营行为建立了一个最低标准。对服务期望有一个科学的认识，了解其形成、发展、变化的种种规律，研究和把握目标顾客的心理"标准"，是提升顾客感知服务质量的十分重要的内容。

Parasuraman、Zeithaml 和 Berry（1994）在最初对期望做界定时，认为期望是顾客的愿望（Desires）或需求（Wants），即他们认为服务提供者应当（Should）而不是将要（Would）提供的服务。随后 Berry、Parasuraman 和 Zeithaml 于 1993 年对期望予以较为明确的界定：顾客在购买产品或服务前所具有的信念或观念，作为一种标准或参照系，它与实际业绩进行比较，从而形成顾客对产品（服务）质量的判断。以公平理论为基础的研究者 Adams（1965）认为，顾客期望是顾客的某种服务需求所表现出来的一种希望或渴望水平。如 Bitner 等（1990）认为关系到顾客需求的基础研究（即确认顾客重视的服务特征和性质）是对期望的研究。这些研究指导部分学者将顾客期望理解为顾客评价的比较标准，并依据顾客需求满足状况进行顾客期望测量。Oliver（1980）的研究认为预测可能性，即预测服务特征的可能表现水平是期望的定义。以价值理论为基础的研究者 Tolman（1999）也认为，顾客期望是由顾客就他们坚信的服务交易结果做出的一种预测。

顾客期望的种类及定义有多种，总结如表2-1所示。

表2-1　顾客期望种类及定义

期望种类	定义（理论定义、可操作性定义）	文献来源
理想期望	代表这一行业的最好服务提供者的业绩标准	Miller（1977）
	理想的情况下，我能从中得到的利益是什么？	Parasuraman等（1991）
应得期望	指顾客应该期望并且服务企业能够实际传递的服务	Miller（1977）
	如果投资购买这项服务，我应该得到什么利益？	Parasuraman等（1991）
标准性期望	被认为是应得期望可操作定义的一种表现形式	Summers和Granbois（1997）
	事情应该是怎么样的？	
可容忍的最低期望	被认为是应得期望可操作定义的一种表现形式	Miller（1977）
	通过购买这项服务，我认为至少应得到的利益是什么？	
预测期望	指关于未来即将发生事情的某种信仰，是由顾客做出的关于服务交易结果的预测，具有不确定性	Summers和Granbois（1997）
	如果我购买这项服务，预测我将会得到什么样的利益？	
模糊期望	顾客期望服务提供者为他解决某类问题，但并不清楚怎样解决	Olson和Dover（1979）
显性期望	在服务过程开始之前就已经清晰地存在于顾客心目中的期望，它们又可以分为现实期望和非现实期望两类	Olson和Dover（1979）
隐性期望	有些服务要素对于顾客来说是理所当然的事情，顾客将其视为一种不可缺少的东西，并认为无须对服务提供者表达这类期望	Olson和Dover（1979）

资料来源：笔者整理。

从上述内容可知，顾客可选择的内心期望标准种类较多，当没有明确顾客对期望分值的评分标准时，在实践中要准确测量顾客的任何一种服务期望都存在一定的难度。期望是一个复杂的过程，甚至有不止一种形式的期望将同时起作用，这样的情况也完全有可能发生。如果顾客采用不同的标准来衡量服务质量，那么，得出的结论的可信度是值得怀疑的。

综合公平理论与价值理论两种视角，本书认为，期望的构造性定义有两层含义：首先，顾客期望定义中涵盖了顾客对服务属性（如及时性、礼

顾客选择行为中的多期望作用模式及其更新研究：服务属性视角

貌性和移情性）在满足需要时发挥作用大小的判断，即顾客所做的期望评判应该能够反映为满足需要，各服务属性表现需达到的程度，将此定义为期望的"重要性"维度。其次，期望反映顾客对服务属性实现可能性的判断，将此定义为期望的"可能性"维度。一个完整的期望可操作化定义应包含对"重要性"维度与"可能性"维度两方面的测量，并且重要性与可能性是基于对构成服务的每一属性的判断。借鉴已发表文献，定义重要性期望为顾客对服务产品中的某一服务属性满足顾客需要所发挥作用大小的判断；可能性期望是顾客对服务产品中的某一服务属性业绩水平的判断。

基于已有文献可知，对顾客期望的测量维度是基于"重要性"或"可能性"进行的。对顾客期望的测量方法主要采用整体测量（针对最终服务质量的期望测量）与组合测量（针对服务质量各维度下服务要素的期望测量）。在期望的整体测量中采用"预测期望"定义，在这一操作性定义下，期望被理解为对未来交易结果的一种信仰或预测。在期望的组合测量中，很多学者直接应用或改编于 SERVQUAL 方法中的有形性、可靠性、响应性、保证性和移情性五个维度，分析银行、餐饮、旅游、航空、零售等行业的顾客质量期望。Laroche 等（2004）专门开发针对顾客期望的双期望测量量表，用应得期望和预测期望，结合 Gronroos（1982）的质量维度技术质量和功能质量，构建期望量表的四个维度：应得技术质量期望、应得功能质量期望、预测技术质量期望和预测功能质量期望。然而，此量表依然是质量框架依赖的，不利于解释顾客期望对顾客行为的作用机理。同时，应得期望的含义是模糊的，有学者证明，"应得"期望有时被理解为"理想"期望，有时被理解为"最低可容忍"期望。Golder 等（2012）论证，顾客感知到的信息来源于每一个属性，质量的生产与体验都集中在属性层面。这些结论提示我们对期望的研究视角，从总体期望视角转移到基于属性的视角，在顾客期望的分析中会得到很多有益的答案。任何一个服务企业都是一系列服务属性的组合。Kardes（2013）指出，当顾客在评价目标选项时，他们不仅仅考虑目标选项属性的绝对水平，还会考察目标选项在选择集合里与其他选项的相对位置。从实际顾客期望形成和问卷填答者期望评分时的过程来看，顾客同时融入了对"重要性"与"可能性"两方面的判断。如顾客对提供及时服务的期望，既反映"及时性"对满足顾客需要的重要程度又反映了顾客对及时性实现的可能性的判断。重要程度越高，期望越高，即时间紧迫的顾客对"及时性"的期望会高于时间宽裕的顾客。

2.2 顾客期望的影响因素

期望形成的影响因素基本涵盖了企业可控与不可控的各类因素。需要特别注意的是，一份跨行业的顾客满意比较报告指出了一个重要的经验教训：某一行业的顾客期望值受其他行业设定的标准的影响，即行业竞争。通常我们并没有向顾客做出一项承诺，但顾客却会要求我们这样做，原因是对手已经这样做了，顾客很自然地期望我们做得像竞争对手一样好，否则他们就会很不满意，甚至流向竞争对手。例如，同表现卓越的联邦快递公司做业务的人，会把他们的体验同银行及其他服务型公司进行比较。一家公司所提供服务的质量，将根据其他行业类似服务的衡量标准进行评估。一家公司的服务速度只有赶上或超过所对应的其他行业的服务速度，才可算是快的。

已有文献中关于期望的形成有不同的研究结论，如表2-2所示。

表2-2 期望形成影响因素

影响因素	Gronroos (1983，1984，1990)	Webster (1991)	Zeithaml 等 (1993)	Clow 等 (1997)	Dion 等 (1998)	Kalamas 等 (2002)
公司形象	√			√		
口碑	√	√	√	√	√	√
含蓄服务承诺			√			√
有形性	√		√	√		
价格	√		√	√		
明确服务承诺			√		√	
广告	√	√	√			√
第三方努力			√			√
过去经历	√	√	√		√	

续表

影响因素	Gronroos（1983，1984，1990）	Webster（1991）	Zeithaml 等（1993）	Clow 等（1997）	Dion 等（1998）	Kalamas 等（2002）
满意度	√			√		√
服务质量	√			√		√
易回忆性与鲜活性						√
个人需求	√		√			
价值						√
持久服务强化	√		√		√	
卷入						√
认知需求						√
暂时服务强化			√			
感知替代服务			√		√	
自我感知服务角色			√			
情景因素			√			

资料来源：Kalamas M, Laroche M, Cezard A. A Model of The Antecedents of Should and Will Service Expectations [J]. Journal of Retailing and Consumer Service, 2002 (9): 293.

文献中关于顾客期望影响因素的研究成果较为丰富。Parasuraman、Zeithaml 和 Berry（1994）构建的顾客期望容忍区域及其影响因素模型，很好地奠定了顾客期望影响因素实证研究的理论基础。还有 Gronroos 等学者对顾客期望影响因素的分析在理论上做出了基础贡献。已有研究定性、定量分析的顾客期望影响因素可分为与顾客自身相关的影响因素、与企业相关的影响因素、与其他顾客相关的影响因素。

与顾客自身相关的期望影响因素主要涉及个人需求、过去经历、个人价值、顾客的经验、前期态度、顾客自我感知服务角色、顾客参与等。对顾客自身相关影响因素的探讨以定性研究为主，很多文献同时提及企业相关的影响因素，如 Parasuraman、Zeithaml、Berry、Gronroos、Diehl、Poynor、Hekman、Aquino、Owens、Frank、Enkawa、Kopalle、Lehmann、Farley 等学者的研究。在实证研究方面有部分学者针对顾客经历的不同与变化探索了顾客经历与顾客期望间的关系。如 Mauria（2013）研究发现，随着顾客经历的增加，预测期望会向任何一个方向改变，既可能提高，也可能降低。Liu

(2013)探索了家庭、朋友、情侣和单身四种不同旅游模式下顾客期望的变化，通过对网络口碑数据库的分析和采用情感挖掘的方法，应用CTR算法检测顾客期望间的差异，得出在不同的旅游模式下，具有相同经历背景的顾客对酒店的服务期望高低存在显著差异。

服务企业与顾客之间的信息沟通，对顾客期望有很大影响。与企业相关的顾客期望影响因素有明确的服务承诺、含蓄的服务承诺、传统市场营销组合、市场沟通、企业形象、品牌、企业文化、价格、服务环境、员工着装、服务氛围、组织态度等。相关结论可参考Yan、Mauri、Lin、Parasuraman、Zeithaml、Berry、Gronroos、Frank、Enkawa、Kopalle、Lehmann、Farley、Lin、Tu、Chen、Yan、Yurchisin、Watchravesringkan、Amzi、Maghzi等学者的研究。其中，Yan等（2011）的研究指出，公司利用员工着装为顾客提供可视化线索，从而顾客用这些线索来形成对组织的印象，影响顾客的服务质量期望。Lin等（2007）选取权力距离和个人主义为文化变量，在跨文化服务情景下研究顾客和服务员工的文化背景对顾客期望的影响，得出顾客改变期望作为对服务接触中信息刺激的反应。Mauri等（2013）考察了其他顾客对宾馆服务的网络评论及酒店是否对评论进行回复对顾客期望的影响，通过实验的方法得出，其他顾客对酒店的在线评论效价正向影响顾客的决策过程和服务期望，同时酒店经理对客户在线评论的回复对顾客决策过程呈负向影响。

顾客作为生产性资源，为服务过程贡献信息与努力。与其他顾客相关的期望影响因素主要表现为顾客评论信息、口碑传播、作为有形环境一部分的现场顾客的消费信息等。这一类影响因素的研究起步相对较晚，且以实证研究为主，研究背景多选择网络服务消费环境。如Mitra等（2010）指出，服务环境中，顾客获得的来源于其他顾客现实消费行为信息的影响超过从网络资源所获得的其他顾客对消费经历评论的影响。与企业提供的产品信息不同，同属环境中其他顾客提供的信息为消费信息。相比企业产品信息，同属环境其他顾客提供的消费信息被顾客利用的概率更高，更容易拉近顾客与产品的选择距离，其他顾客来源信息对顾客期望的影响更大。Poor、Duhachek和Krishnan（2013）在研究中应用实验方法，针对不健康食品，如油炸类食品、高热量甜品等，比较产品信息和消费信息对最终顾客选择行为的影响，发现加入对不健康食品放纵消费体验的消费信息似乎充当了一种社会证明作用，表明对不健康食品的可接受性与适当性。

这种信息可改变顾客对行为的认知与接受标准。同属环境其他顾客在消费过程中释放的信息会对顾客期望产生影响，消费信息效价对顾客期望有正向影响作用。

近年来，信息对顾客期望影响的研究成为新的关注焦点，信息来源主要集中在顾客，形式为顾客评论。如 Liu 等（2013）研究了旅游模式与顾客期望之间的关系，表明同行者信息会对顾客期望产生影响。同时，基于网络购物环境，其他顾客的购物评论对顾客的期望和选择的影响引起并成为新的关注点。Mauri 等（2013）检验了其他顾客对宾馆服务的网络评论对顾客的决策过程与服务期望的影响，得出顾客评论信息显著影响顾客期望。Benedicktus（2011）基于网络交易环境考察了其他顾客评价信息对顾客期望的影响。

2.3 顾客期望的变化

期望的动态本质特征在已有文献中得到证明。对期望动态性的关注有助于研究对顾客选择行为的持续吸引与保留。Yi 等（2004）定义调整期望为通过积累或当前消费经历而更新的期望，调整期望将会影响到未来下一时期对产品或服务的选择。体验评价结果后的调整期望会在消费前期望的基础上进行更新。由于信息的不断积累，学习行为的不断发生，顾客期望会随时间而更新。Hoch 和 Deighton（1989）证明顾客根据期望不确认结果修改自己的期望。积极不确认提升顾客对下一次采购的期望判断。Tam（2005）的研究表明，在积极经历之后，预测期望提高；消极经历之后，预测期望保持相对稳定。同时，体验后的期望测量结果不同于体验前的期望测量结果，测量体验后的期望对服务质量与顾客满意的预测更准确，这一结论在文献中得到证明（寿志钢等，2011）。Higgs、Polonsky 和 Hollick（2005）的研究得出，顾客的应得期望相对稳定，随着经历的增加，预测期望表现出明显的变动。

社会认知的研究范式告诉我们，可以用信息加工的观点来看待顾客期望这一心理构念的形成。依据信息加工理论，受众在理解某些信息时，表现出一种认知上的选择性和态度上的倾向性。Yuan 等（2011）证明顾客的信息搜寻行为会对顾客期望产生影响。人不是被动的刺激接受者，人脑中进行着积极的、对所接收信息的加工过程。人在思维过程中综合各种信息，做出判断和决定，形成具有个人特征的判断标准。从这些理论联系推断，期望具有综合各种信息加工结果而合成的特点，期望的形成具有复杂性、动态性和多维性特征，其形成和发展受到顾客个性特征、认知过程、信息加工过程、决策过程等因素的影响。考虑到要理解作为评判标准的顾客期望是如何形成和演变的，必须将其纳入到顾客的"认知—信息加工—评价决策"框架中去观察才能给出有说服力的研究结论，赋予顾客期望顽强的实践生命力。

2.4 顾客期望的效应与应用

已有文献对顾客期望的应用主要集中在顾客期望对顾客评价的效应领域。从文献可知，顾客期望最重要的结果变量有两个：感知服务质量与顾客满意。文献中顾客期望对感知服务质量、顾客满意的影响存在正向影响、负向影响和无显著影响三类研究结论，如表2-3所示。

表2-3 顾客期望效应及其研究方法

研究结论	代表人物	测量方法	测量途径	研究背景
顾客期望对感知服务质量具有正向影响作用	Ladhari, Anderson, Kopalle, Lehmann, Farley	整体测量	预测期望	宾馆服务、零售服务、印度信仰文化
顾客期望对感知服务质量具有负向影响作用	Darke, Ashworth, Main, Parasuraman等, Oliver	整体测量、组合测量	预测期望、依附于质量框架下的单维期望测量	餐饮、保险、航空、旅游服务、零售服务、证券服务
顾客期望对感知服务质量无显著影响作用	Higgs, Polonsky, Hollick, Laroche等	整体测量、组合测量	依附于质量框架下的单维期望测量	航空运输

续表

研究结论	代表人物	测量方法	测量途径	研究背景
顾客期望对顾客满意度具有正向影响作用	Olshavsky, Miller, Fornell, Johnson, Anderson, Swan, Trawick	整体测量	预测期望	运输快递服务、银行、零售服务、照相机效果实验
顾客期望对顾客满意度具有负向影响作用	Bosque 等, Bigne, Mattila, Andreu, Wu, Caro, Garcia, Hess, Ganesan	整体测量、组合测量	预测期望	主题公园、体育赛事、在线销售、紧急运输服务、饭店情景下的实验
顾客期望对顾客满意度无显著影响作用	Soderlund, Higgs, Polonsky, Hollick, Laroche 等	整体测量、组合测量	预测期望、依附于质量框架下的单维期望测量	以饭店服务为背景的实验、参观博物馆、航空运输
顾客期望与顾客评价间的调节因素	Yi, Soderlund, Nyer, Spreng, Page	整体测量、组合测量	预测期望、依附于质量框架下的单维期望测量	干洗店、保险服务等、饭店服务、除污剂产品

文献中关于期望与感知服务质量、顾客满意的关系存在正向影响、负向影响和无显著影响三类效应。

2.4.1 期望对感知服务质量、顾客满意的显著正向影响

期望对感知服务质量、顾客满意的显著正向影响效应在许多文献中得到实证支持。Ladhari（2008）在服务质量的研究中，将期望直接作为感知服务质量的影响因素，得出期望与感知服务质量间的正效应关系。Anderson 等（1993）也认为，高期望通常会提高顾客对服务的评价。Olshavsky 和 Miller（1972）的研究得出期望对顾客满意有显著正向影响作用：期望高、感知高，则顾客认为产品的绩效好；期望低、感知高，所得出的绩效依然是低的；高期望和低感知比较后得出的对产品的评价通常较高，而低期望和低感知则相反。Fornell、Johnson 和 Anderson 等（1996）建立的美国顾客满意指数模型同样指出，顾客期望正向影响顾客满意评

价。王卫东、汪纯孝和岑成德（1999）的研究得出，顾客期望通过对符合期望过程的消极影响、符合期望过程对满意程度的积极影响，进而对满意程度呈消极影响，同时顾客期望通过对感觉中的服务实绩的积极影响、感觉中的服务实绩对满意程度的积极影响，进而对满意程度呈积极影响，但期望对满意程度的总的影响仍为积极影响。石蕊（2007）以移动通信服务为调查对象，进行基于顾客体验的服务质量与顾客满意度关系的研究。实证结果表明，顾客的服务期望会正向影响服务感知。当整体的感知服务水平低于期望的服务水平时，反而产生了顾客满意。因为，服务质量对顾客满意有显著性的正向影响。同样的结论还出现在 Swan 和 Trawick（1981）、Tse 和 Wilton（1988）等的研究中。

期望对感知服务质量和顾客满意正向影响效应的理论支持模型是感知业绩模型，由 Johnson 和 Fornell 于 1991 年提出，是瑞典顾客满意指数模型的概念基础。该模型中期望通过服务感知对感知服务质量、顾客满意产生正向影响，期望起锚的作用。这种影响的效应可用社会心理学中的同化理论来解释。因为服务感知与服务期望的差异会引起顾客的认知不一致，给顾客带来负面的情绪，所以，为了避免负面的情绪、减少心理压力，顾客在服务感知与服务期望差距不大的情况下，会倾向于调整服务感知到服务期望的方向与程度。通过这样一种机制，期望提升了服务感知。当面临同样的产品质量时，怀有较高的期望且产生负向不一致的顾客，会比那些怀有较低期望的顾客产生较高的质量评价。因此，顾客的服务期望水平与实际绩效水平之间会形成正相关关系。顾客的期望越高，便会花费更多的精力来获得某项产品或服务，使自己感受到服务质量的提升。因此，服务期望水平对实际绩效水平会有正向的影响。实证研究中，许多文献表明顾客倾向于同化任何服务感知与服务期望间的差异。服务感知对感知服务质量、顾客满意的显著影响在许多研究中得到实证支持。根据 Tse 和 Wilton（1988），服务感知对满意的影响超过期望或期望不一致的单一预测变量模型和期望与不一致的双变量预测模型，是唯一重要的顾客满意决定因素。综上，期望对服务感知具有同化作用，是正向影响方向；服务感知被证明是感知服务质量、顾客满意的重要正向影响因素，从而期望与感知服务质量和顾客满意成正向影响关系。

2.4.2 期望对感知服务质量、顾客满意的显著负向影响

期望对感知服务质量和顾客满意负向影响的理论支持模型是 Oliver 提出的期望不一致模型和 Parasuraman 等的差距模型。不一致与差距理论认为，顾客在购买产品或者服务之前先根据过去的经历、广告宣传等途径，形成对产品或服务特征的期望，然后在购买过程中感受产品或服务的业绩水平，将服务感知与服务期望进行比较形成一个服务感知与服务期望间差距的判断，服务期望越高正向的不一致（正向差距）越低。在不一致（差距）模型中期望起标准作用。服务感知与服务期望的不一致（差距）对感知服务质量、顾客满意的影响在许多研究中被证实。Oliver 和 DeSarbo（1988）以模拟股票交易为实证背景，检验满意的五种影响模式——归因（Attribution）、期望（Expectancy）、不一致（Disconfirmation）、感知业绩（Performance）和公平（Equity），发现不一致是满意形成过程中的主导模式。Bigne、Andreu 和 Gnoth（2005）与 Bigne、Mattila 和 Andreu（2008）以游客的主题公园和博物馆经历为研究背景，在并入愉悦和唤起的期望不一致模型中，得出正向的不一致（Positive Disconfirmation）对顾客满意有显著的正向影响。Caro 和 Garcia（2007）以体育赛事为研究背景也得出不一致对顾客满意的显著正向影响。Hess 等（2003）从服务补救的视角实证检验了期望对顾客满意有显著负向影响。综上，当服务感知一定时，期望越高，正向的不一致越低；正向不一致对感知服务质量、顾客满意具有显著正向影响。因此，期望对感知服务质量、顾客满意产生负向影响。

2.4.3 期望对感知服务质量、顾客满意的影响不显著

在 Burke、Kovar 和 Prenshaw（2003）与 Cadotte、Woodruff 和 Jenkins（1987）等的实证研究中得出期望对顾客综合评价的影响不显著。

针对期望对顾客综合评价的影响有时显著有时不显著，有文献探讨了调节因素的存在，具体包括期望自信水平、熟悉性、业绩模糊性与期望清晰度等变量。Soderlund（2002）建议顾客对高熟悉服务与低熟悉服务有不同的评价框架：高熟悉情况下，综合评价适用不一致（差距）模型；低熟

悉情况下，综合评价适用感知业绩模型。Johnson、Nader 和 Fornell（1996）针对银行贷款环境调研期望在综合评价中的作用，也发现顾客在接受不熟悉服务时，期望对综合评价的影响不同于熟悉的行业。Yi（1993）以产品模糊为调节变量，探索期望、不一致和服务感知对顾客满意的影响强弱，得出：当产品业绩模糊时，期望对顾客满意有直接作用；当产品清晰易评价时，产品业绩对顾客满意有直接作用。Nyer（1996）认为，当顾客期望模糊时，服务感知对顾客的综合评价影响较大，呈显著正向影响效应。Spreng 和 Page（2001）发现自信水平会调节期望对顾客满意的影响作用：自信水平高，期望对顾客满意的影响强；自信水平低，则期望对顾客满意的影响弱。其他学者的研究也表明，期望不一致、感知服务质量和满意度之间的关系随着不同的期望类型而发生变化。

2.5 顾客期望在应用中的问题

服务期望在应用中受到许多研究者的批评，主要因为期望概念的界定问题：

（1）感知服务质量测量中的期望概念界定。有文献研究表明，感知服务质量测量中常使用应得期望作为评价标准，这类期望可以被操作为渴望期望或理想期望。渴望服务是顾客想要的，它代表顾客认为优秀服务提供商能够并且应该提供的服务业绩水平。有文献指出"应得"的含义是模糊的。应得期望的多个可操作性定义在概念上是模糊的，受限于不同的解释。

（2）顾客满意测量中期望概念界定。Oliver（1993）在提出期望不一致模型时把"期望"定义为"对事件发生可能性的判断加上对该事件的评价"，这种对期望的定义方式引起了研究者的诟病。Spreng 等（2001）认为 Oliver 的这个定义混杂了预测性期望（Predictive Expectation）和判断（Judgments）。Woodruff 等（1983）对此模式提出：制约期望不一致模式的一个最大的问题在于受试者可能对期望有多种理解方式，因而在判断期望时可能混杂了其他的比较标准。Summers 等（1997）指出，要想弄清楚期望对满意的影响，就必须避免把预测性期望同使用多种比较标准的判断混杂起来。

2.6 顾客期望研究述评

从国内外服务营销的研究文献看,已有研究在探讨期望的效应与应用时都离不开一种思路和两类构念:一种思路是期望标的单维性,两类构念是感知服务质量和顾客满意。期望标的单维性是指收集顾客基于单一评分标的的期望分值。如基于服务要素可能表现水平的期望分值,将顾客期望与"可能性标的"等价;基于服务要素满足需求重要性的期望分值,将顾客期望与"重要性标的"等价。相关的文献也呈现这样的分布——基于单一标的视角的顾客期望测量、形成、变更与效应研究,而关于顾客期望构念的多维本质特征探讨严重不足。长期以来,这种研究思路和体系形成了顾客期望研究的主要格局。从文献梳理结果看,有关顾客期望形成与效应的研究较为丰富,但关于顾客期望的基础研究,即含义、结构与测量相对匮乏。在已有研究中,只测量了总体期望对感知服务质量和顾客满意的影响,而没有进一步思考顾客的总体期望主要是基于对哪些属性期望判断的结果,即在总体期望的判断中,哪些属性起到了重要的作用。笼统地研究整体期望的效应,忽略对期望本质的考查,不能从根本上解释期望的效应机理。在实践应用和实证研究中发现的问题与启示没有及时地补充到基础理论的构建与检验中。

基于已有文献,我们发现顾客期望在形成、变更与应用三个方面有进一步挖掘和探索的空间:

(1) 顾客期望形成的认知研究处于起步阶段,有待进一步深入开展相应工作。顾客期望作为一种心理构念,它的形成受到顾客认知特征及接触信息的影响。Hekman 等(2010)的研究启示我们,顾客期望的形成会受到个体认知偏差的影响。但对顾客认知及信息使用偏好等要素对期望影响的研究仍处于起步阶段。现有营销只把握了针对顾客表面知识(性别、年龄等信息)进行顾客期望管理,更深层次的顾客知识类型(直接知识与间接知识、主观知识与客观知识)和认知特征对顾客期望形成的影响及企业宜采取的管理方式尚不明确。基于认知心理学的观点,个体对信息加工时,往往按照某种特定的方式过滤和处理信息。对个体判断起主导作用的

第2章 顾客期望研究进展

并非所给定信息的具体内容，而是个体对于给定信息的处理方式。可见，顾客的认知因素及顾客具有的相关知识结构会影响到顾客对信息的选择和解读，从而影响顾客期望。基于认知心理学的信息选择与解读视角，分析顾客期望形成的潜在过程是有价值的、未探索的问题。未来研究中需要考虑更多的认知因素，检验顾客认知特征因素对顾客期望形成的作用机理，帮助企业从顾客特征分析把握顾客期望的形成，使针对性提供服务信息成为可能。

（2）对顾客期望变更的机理认识有待加深。关于期望动态性的检验，已有研究探讨了正、负不确认结果对顾客期望变动的影响，并得出两类研究结论：经历正向不确认期望提升，经历负向不确认期望不变。关于正、负不确认结果对顾客期望变更产生影响的边界条件是什么却不得而知。同时，仅有的几篇关于期望动态性研究的文献也都是关注期望长期的变化（纵向研究的时间间距至少是1个月），单次体验经历过程中期望受不确认来源与不确认过程的影响而发生的变化始终是个黑箱。同时，从实践层面的企业追求来看，企业希望赋予顾客满意感，同时又不希望由于顾客满意带来顾客期望提升，而造成以后满足顾客期望的困难。现实中，有些发展良好的公司，在成长的最佳阶段，为了满足不断增长的顾客期望，甚至出现违法的行为。面对这样的企业追求和现状，深入探索顾客期望变更条件，提供一种合法的途径，延续顾客满意持续性，均衡顾客期望、企业成长与业绩，成为学术界不得不解决的问题。对服务接触过程中顾客期望变更过程的探索有助于指导服务运营，通过对服务流程的设计来引导顾客期望是有价值的潜在探索领域。

（3）顾客期望的应用领域有待拓宽，顾客期望的应用价值有较大提升空间。在服务营销学科下，顾客期望的应用多隶属于服务质量、顾客满意和服务补救的研究中，对期望构念的直接应用和分析较少。顾客期望是一个受营销沟通等企业可控因素影响的构念，其各维度的得分可全面反映企业营销活动的结果，指导营销活动的未来努力方向。现有顾客期望的应用研究集中在顾客评价领域，对顾客选择行为的影响研究较少。目前，顾客期望对顾客选择行为的影响结论仍停留在"提升顾客期望可增加顾客对未来产品选择行为的可能性"上。显然，这种"对实际很复杂的问题进行简单的回答"不利于指导企业实践。顾客选择伴随全服务过程，不仅发生在服务接触前，还发生在服务接触过程中和服务接触消费后。如在饭店，顾客面临的食品种类众多，不同的选择对顾客体验会有较大的影响。再如，顾客是否进行互动的选择会影响到沟通的充分性，最终影响消费体验，而顾客的消费体验评价会影响顾客未来的选择行为。如能将顾客期望理论在顾客选择行为方面做出尝试，将对现有问题的解决提供辅助支持，并得出更丰富的研究结论。

第 3 章

顾客行为相关理论研究

本章探讨了与顾客期望密切相关的服务概念：顾客行为、顾客选择模型、顾客选择行为及其与顾客期望的相互关系，并指出了现有研究的不足。

3.1 顾客行为的相关研究

顾客行为是指顾客为获取、使用、处置某物品或服务所采取的各种行动，并且包括这些活动之前与之后发生的决策（Blackwell，1993）。由于受到诸多因素的影响，不同顾客表现的行为也各不相同，因此关于顾客行为的研究没有一致结论。其中，西方学者提出了一些具有代表性的顾客行为模式。①Donders 于 19 世纪提出刺激—有机体—反应模式（S-O-R）。该模式表明顾客购买行为由来自于顾客生理、心理因素以及外部环境刺激。顾客在各种因素的刺激下产生动机，在动机的驱使下做出购买商品的决策，购买后还会对商品及其相关渠道和商家做出评价，这样就完成了一次完整的购买决策过程。②巴普洛夫模式提出顾客购买行为是一种"刺激—反应"过程，这种刺激—反应之间的关系可以分为驱使力、诱因、反应、强化四个步骤。驱使力是指诱发购买行为的内部刺激力量，如生理、安全、社交和自尊等需要。诱因指能够满足驱使力的某种产品或劳务。反应指为了满足需要去寻找某产品和劳务的行为。如果顾客的需求得到高度满足，这种反应会被强化。同时，该模式认为，广告是一种重要的诱因，重复广告对顾客购买行为的影响非常显著，人们受到诱因重复和强化刺激后产生行为。③Nicosia（1966）基于产品特性与顾客态度提出尼克西亚模式，他认为顾客行为是一个信息处理的过程，消费行为过程就是顾客在其特定心理特点的基础上对营销者所发出的刺激信息进行接收、加工、储存、使用和反馈的过程。④恩格尔等（Engel、Kollat 和 Blackwell，1968）提出顾客行为理论，简称为 E. K. B 模式。这是一种建立在购买决策程序基础上的顾客行为模式，该模式把购买过程分为确认问题、信息搜集、判断选择、购买决策、购后过程五个阶段。⑤Howard 和 Sheth 于 1969 年在其合著的《购买行为理论》一书中提出 Howard-Sheth 模式。该模式表明投入因素、外在因素、内在因素、产出因素四个变量的综合作用，会影响顾客购买行为产生与变化。⑥Kotler（2000）认为顾客行为是一个了解顾客黑箱的过程，即刺激作用于顾客，通过内部加工与中介，产生购买行为反应，黑箱指顾客复杂的心理活动过程。

从上述文献的分析可以看出，Donders 认为顾客行为是受到外部环境刺激的结果；巴普洛夫模式认为顾客行为是一种条件反射的过程；Nicosia 认为顾客对商家提供的信息的处理、加工，形成自己的态度，进而产生购买动机，做出购买决策，但该模式忽视了外部环境的影响因素；Howard-Sheth 模式内容最为全面，逻辑严谨，但是过于繁杂；Kotler 认为黑箱指顾客购买决策过程的心理活动特征。

3.2　顾客选择行为相关研究

3.2.1　顾客选择行为的研究视角

顾客选择行为研究具有丰富的视角，已有文献对顾客选择行为的研究视角包括经济学视角、社会学视角和心理学视角。经济学视角把人的需求同效用联系起来，认为顾客选择商品都要遵循"效用最大化"原则，即设法从有限的支出中谋求最大效用、获得最大满足。社会学视角认为，顾客选择行为除了受经济因素的影响和制约外，还在很大程度上受社会群体、社会环境、社会地位等的影响。心理学研究者认为，顾客选择和购买行为不仅受经济因素和社会因素的影响，还与顾客心理因素密切相关。Neeli 等（2008）指出，研究顾客的选择行为，必须研究顾客的个性心理特征，运用心理学的理论和方法揭示选择行为发生的奥秘。

三种视角虽然隶属于不同的学科,却有着相同潜在的"内核",即 Weiner 的"刺激—认知—期望—选择"路径,只是侧重点不同而已。经济学与心理学可能更侧重于对顾客认知中的价值判断过程,而社会学视角对外界刺激给予了更多关注。在 Weiner 的"认知—行为"模型构建的逻辑关系指导下,有望实现从期望视角系统化研究顾客为什么选择、如何让顾客选择及持久吸引顾客选择的问题。已有文献在有形商品领域对顾客选择行为的研究非常丰富。如 Rita、Aiste 和 Laura 认为包装在市场沟通中所起的作用越来越重要,商家可以通过包装吸引顾客注意,并将产品的价值在非常短的时间内在销售点传递给顾客。Grossman 和 Wisenblit(1999)的研究指出,颜色是影响顾客选择的一个重要因素,对顾客选择有着重要影响。Verbeke 等(2006)证明信息帮助顾客感知产品质量,形成质量期望,进而影响顾客的购买态度和行为。

3.2.2 顾客选择行为的影响因素

顾客选择行为的影响因素可以分为个人因素、心理因素、企业影响因素、社会因素和顾客评论因素。

(1)个人因素。个人因素的影响分为稳定因素和随机因素。稳定因素主要是指顾客的自然信息特征,如年龄、性别、种族、民族、收入、家庭、生活周期、职业等。这些因素不仅影响了顾客的购买行为,同时也影响了顾客做出购买行为的速度。随机因素是指顾客在做出购买决策时所具有的具体情况和条件。

(2)心理因素。心理因素的影响分为感觉、动机、经验、态度、个性。经验是指通过一些信息或者曾经的经历所得到的改变。个人行为的结果对经验有着非常大的影响。例如,顾客在发生购买行为后,如果这次购买行为的体验是愉快的,顾客对产品也是认可的,那么,在下一次遇到类似的情况下,顾客可能会坚持上一次的选择。相反,如果购买体验极差,顾客多数不会再进行二次购买。态度包括知识和对目标的积极或消极的情感。如果顾客对企业的营销产生反感,不仅自己不会去购买该产品,还会把这种不好的信息传播给他的亲朋好友,对企业的形象有非常不好的影响。个性是和人们的经验与行为联系在一起的内在本质特征。个性主要表现为如下一个或多个方面：活泼、古板、内向、外向等。不同的个性特征对产品的选择是不一样的。例如，性格外向活泼的顾客，在购买产品时可能喜欢追求潮流，喜欢较为鲜艳的颜色、比较独特的设计款式，追求个性张扬；性格内向古板的顾客，可能更喜欢一些中规中矩的款式。把握住顾客的个性特征对企业营销非常有利。

（3）企业影响因素。随着网络销售的兴起，越来越多的学者以网络平台为研究背景，探索网络信息要素对顾客行为的影响。国内外关于企业信息展示的文献围绕信息效价与信息呈现顺序等进行了研究。如阐述广告中的单双面信息效应与双面信息的说服效应。在信息呈现要素中，最受学者关注的是有关图片的形式及效应，并得出丰富结论。在图片社交网站中，用图片的视觉效果引起用户的关注，激发用户的购物热情是网络零售商的营销策略之一。图片缩放技术会影响顾客的情绪，图片的放大会使顾客更加愉悦。网上展示图片的数量和大小会影响顾客的信息感知。顾客的认知路径反映外界刺激如何促成认知结果的机理。范钧、沈东强和林帆（2014）应用 ELM 模型，分析了网店商品图片完整性和图片来源对顾客购买意愿的影响。Hong 等（2010）通过对有产品图像的网页和纯文字网页进行对比，发现顾客对有图像的页面设计和网站使用的态度更积极。朱翊敏（2014）检验了文字表述方式与图片呈现方式对顾客态度的影响。王丹萍、庄贵军和周茵（2014）系统揭示了信息框架对广告态度的影响机理。

（4）社会因素。社会因素包括角色和家庭、相关群体、社会阶层、文化。相关群体是影响人们观点、意见、兴趣和想法的个人或团体。研究顾客行为可以把相关群体分为两类：参与群体与非所属群体。参与群体主要是家庭、同事、邻居这样的跟自身有很大接触机会的群体。非所属群体是指顾客没有很大的接触机会，但是对消费的行为、看法等产生影响的群体。企业营销应该重视相关群体对顾客购买行为的影响作用，利用相关群体的影响力开展营销活动，另外要注意不同的商品受相关群体影响的程度不同。社会阶层是一个开放的群体，具有相似的社会地位。主要因素包括职业、教育、收入、健康、地区、种族、伦理、信仰和财富。在一定程度上来说，同一个社会阶层的顾客，消费观念、价值观念基本类似。文化是指人类所创造的物质财富与精神财富的总和，包括有形的东西和无形的概念。每个顾客都是社会的一员，文化会对一个人的购买行为产生极大的影响。例如，中国古典文化和欧美文化，拥有这两种截然不同文化的顾客，在价值判断与消费选择上，行为也是大大不同的。

（5）顾客评论因素。互联网的进步使顾客能够以在线评论的形式分享他们关于产品、服务或品牌的个人体验、意见和反馈信息。Park 和 Lee（2007）定义在线评论为网民之间通过网络渠道传播的有关产品、服务及企业品牌的个人体验、评价、讨论和推荐信息。与传统的线下评论相比，在线评论具有信息量大、范围广、可存储、匿名性和可测量性等特点（Thorsten，2004）。因此，在线评论被顾客认为是除朋友推荐之外最值得信赖的信息来源（Nielsen，2013）。

已有文献从评论者视角、阅读者视角和评论本身视角对在线评论的有用性和效用进行了研究，如表 3-1 所示。

表 3-1　评论有用性文献

研究要素	维度划分	自变量	调节变量	结论	文献
评论特征	评论数量	√		评论数量多，促进顾客产生积极产品态度	Park 和 Lee（2007）
	评论质量	√		评论质量与顾客产品选择意向正相关	Raffaele（2015）
	评论效价	√		评论效价直接影响顾客购买意向	Zou 和 Hao（2011）Daniel 等（2015）
评论者特征	专业性		√	评论者专业，增加顾客感知评论可信度	Raffael 等（2015）
阅读者特征	卷入度		√	高卷入度顾客采用中心路径处理信息，低卷入度采用外围线索处理信息	Chan（2011）Filieri（2014）
	以往购物经验		√	购物经验越少的阅读者受到评论影响越显著	Park 和 Lee（2007）
商品特征	产品类型		√	体验品比搜索品影响更显著	Mudambi（2010）
	产品流行程度		√	对利基产品的影响更显著	Feng Zhu（2010）

顾客选择行为中的多期望作用模式及其更新研究：服务属性视角

负面在线评论来源于由于顾客失败的购物或者服务体验而引发的失望和后悔等负面情绪所产生不满意（Zeelenberg，2004）。不满意者会产生情绪失衡，他们用负面信息来发泄愤怒、警告他人别上当、减少焦虑等心理调节使情绪趋于平复（Wetzer，2007）。已有研究证实，4%的不满意的顾客会向商家抱怨，而80%的顾客会对周围的人谈起自己不好的购物经历（Singh，1988）。在当今大数据信息时代，负面在线评论会产生范围更大的负面影响，影响企业或品牌的声誉，关系到企业的生存与发展。因此，学术界将视线逐渐转移到负面在线评论上。

Chatterjee等（2001）认为，顾客通常会认为负面信息比正面信息更具判断性价值，所以会在购买决策时更多地依赖负面信息。随后他们通过实证研究发现，负面在线评论对于顾客的产品信任度和购买动机都有显著的负面影响，尤其是近期的负面在线评论信息对于降低产品销量比正面评论信息所带来的销量上升的效果更加显著。Luis V.等（2015）基于旅游产品数据的研究，也证实了负面在线评论比正面在线评论更能影响顾客选择。对于高风险规避特征的顾客而言，这种影响更加显著。Park和Han（2008）研究了网络口碑效价（正面和负面）对口碑效应的影响，发现负面评论的负面影响大于正面评论的正向影响，负面评论在体验型商品上的影响大于探索型商品。Chevalier（2006）研究发现，负面在线评论对于顾客对卖家的信任程度和购买动机都有负面影响，且这种负面影响的程度与顾客对于卖家的熟悉程度成反比关系。Park和Lee（2007）采用实验设计方法研究了电子购物网站口碑传播方向对顾客购买决策的影响，结果发现负向口碑对顾客购买决策的影响大于正向口碑，随着负性评论比重的增加，顾客的消极态度也跟着增长。李宏等（2011）基于态度功能理论、详尽可能模型、选择性假设理论等，研究了负面在线评论质量、顾客卷入度和性别三个变量对顾客购买选择的影响。研究结果表明，评论质量与卷入度交互作用于顾客购买选择，而性别的影响不显著。梁剑寒（2014）结合归因理论研究商家负面评论反馈中的不同归因类型对顾客网络购物决策的影响。研究结果表明，商家内部归因、外部归因或情景归因导致顾客对商家责任感知低于商家有反馈无归因时的顾客感知。陆海霞等（2014）以从众效应和归因理论为基础，研究了负面在线评论的数量和质量对顾客购买行为的影响。研究结果表明，当负面评论质量、数量较高时，顾客购买行为会受到负面评论的影响。张耕（2012）研究了负面在线评论数量、评论者专业度以及产品价格三方面负面在线评论对产品销量产生的影响，分析了产品畅销度与产品价格档次对负面在线评论影响力的调节作用。刘丽（2014）基于体验产品研究负面在线评论对顾客购买意愿的影响时发现，负面在线评论的评论内容、评论长度、评论的表达方式显著影响顾客感知风险。宁连举等（2014）研究了负面在线评论负面程度、数量、内容相关性和专业性对顾客购买意愿的影响。结果表明，这四个维度正向影响顾客购买意愿，且受到网站类型的调节作用。

3.3 顾客选择模型

3.3.1 顾客选择模型种类

基于顾客行为的研究可以发现，顾客的选择行为与情境有一定的关联，相同的产品在一种环境中可能更可取，在另一种环境中可能更不可取。情境效应对于产品摆放位置、价格及促销等实践活动有很大的影响，其主要包括相似效应（即顾客购买过类似的产品，质量较好，因此印象较好）、吸引力效应、妥协效应（即在有两个极端选项的前提下，选择折中的选项）以及参照点效应等。选择模型主要有简易可伸缩性模型（Simple Scalability Models）、随机效用模型（Random Utility Models）、按序排除式模型（Elimination by Aspects Model）、成分情境模型（Componential Context Model）、战略转换模型（Strategy Switching Models）以及决策领域理论（Decision Field Theory）。

（1）简易可伸缩性模型的选择机制指某个选项具有真正的实用价值，针对选项的选择是对实用价值潜在功能的选择（Becker等，1963）。例如，有三个选项 A、B 和 C，当 A 的实用性增加时，选择 A 的概率增加，选择替代选项 B 和 C 的概率降低。

（2）随机效用模型包括概率选择模型（Bock 和 Jones，1968；De Soete 等，1989；Thurstone，1959）、广义极端价值模型（McFadden，1981）以及其他模型。该模型的选择机制假设每个选项都具有一个随机的效用，顾客的选择是明确的,即选择具有最大随机效用的选项。例如,对于两个选项 A 和 B,选择 A 的可能性取决于 A 的效用大于 B 的效用的可能性;对于三个选项 A、B 和 C,选择 A 的可能性取决于 A 的效用大于 B 和 C 效用的可能性。在该种模型下,某些属性的低效用可以被其他属性的高效用所补偿,给予了产品一个弥补某一方面不足的机会。

(3) 按序排除式模型是指每个选项代表一种属性,每个属性具有一种价值(重要性的价值)。一些属性在几个选项中出现,一些属性只在特定一个选项中出现。主要包含两个步骤:第一步,选择一些属性,选择是具有一定概率的,所以选择重要属性的可能性要大于选择次重要属性的可能性;第二步,任何不包含选择属性的选项是被排除的,一直持续这个过程,直到只剩一个选项,就选择这个选项。例如,去餐厅就餐,最重要属性是味道,若只是单纯的服务好而味道不好,则该饭店会被排除在外。该模型为顾客提供了简化消费决策过程的捷径,无须复杂计算,简单高效地将考虑范围缩小,直到可以匹配顾客的信息加工能力,再进行仔细挑选。

(4) 根据成分情境模型,顾客在两个选项中做出选择和在三个选项中做出选择的结果是不同的。当只有两个不同属性的选项时,情境是自由的;当情境包括三个或更多选项时,每个选项的价值由两部分构成,一部分是情境自由,另一部分是情境依赖。

(5) 战略转换模型是指顾客可以根据选项的多少和选择情境进行战略转换。顾客首先考虑最重要的方面,如果最重要的方面存在多个选项不能被排除,那么考虑第二个方面,第二个方面中最好的被选择,两个选项可能会因为特定原因而重叠。

(6) 决策领域理论又称关系网模型,其是一个动态的模型。根据该理论,做决策的人对于每一选项在特定的时刻有特定的喜好。因为不同时间关注的方面不同,该特定的喜好根据时间的变化而变化。例如,顾客在家居市场进行选购时,某一瞬间,顾客可能关注家具的质量;但是下一瞬间,顾客可能关注家具的价格。每一瞬间关注点的改变可能引起不同的选择结果。

3.3.2 四种情景效应理论

情境效应已被众多学者证实,图 3-1 所示的是几种常见的、较多地被学者研究且具有推广价值的情境效应模式。

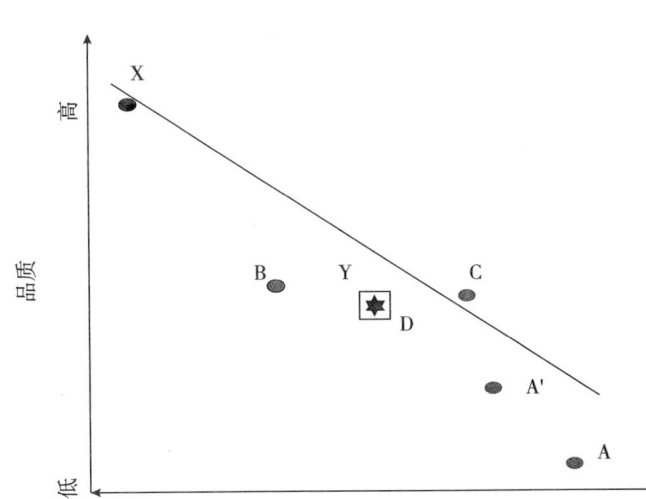

图 3-1　几种常见的情境效应模式

X 为高质高价的产品，Y 为具有中等质量和价格的目标产品，A 为低价低质的折中效应产品，A′是相对于 A 的高质高价产品，B 相对于 Y 为同质高价的吸引效应产品，C 相对于 Y 为同质低价幻影效应产品，D 相对于 Y 为同质同价的替代效应产品。

把产品 A、B、C、D 分别加入 X、Y 组成的产品集，可产生如下的效应：①替代效应。若把 D 加入 X、Y 组成的产品选择集，可以造成 Y 的被选概率上升，即产生替代效应。②吸引效应。若把 B 加入 X、Y 组成的产品选择集，可以造成 Y 的被选概率上升，即产生吸引效应。③折中效应。若把 A 加入 X、Y 组成的产品选择集，可以造成 Y 的被选概率上升，即产生折中效应。④幻影效应。若把 C 加入 X、Y 组成的产品选择集，可以造成 Y 的被选概率上升，即产生幻影效应。

（1）替代效应。标准性假设认为选择集中各选项是相互独立的，各备选项被选的概率不会受其他选项加入或移出的影响，但研究发现，选择集中备选项被选概率会受到新加入备选项的影响并且其各自被选概率下降幅度是不相同的。如 Debreu（1960）发现，加入或者移除某一备选项，备选项间的相似程度可以影响到选择集中其他备选项的被选概率。与新备选项类似的备选项，其被选概率下降或者上升的幅度一般要大于那些与新备选项不类似的选项。Tversky 将此称为相似性假设，也称为替代效应。备选项间替代性与其相似性有关，相似性越高则替代性越大，因此新备选项往往会"挤占"与其相似的选项的市场份额（Tversky，1972）。如图 3-1 所示，在选择集 A（X，Y）中加入与 X 相类似的新备选项 D 组成新的选择集（X，Y，D）后，选择项 X 的选择的概率下降幅度大于等于选择项 Y 的下降幅度，即新备选项 D 的加入会使 X 相对于 Y 的市场份额下降，替代效应反映了备选项间的"同类相食"现象。

（2）吸引效应。决策中某一特别设定的选项往往可以诱导决策者的选择，吸引效应首先由 Huber 在 1982 年所进行的啤酒品牌选购实验中提出。研究结果表明，在既定的产品集中加入某一特定不对称占优备选项，可以增加占优方案的份额。不对称占优备选项的加入会使选择集中目标备选项变得更有吸引力，进而其被选概率提高。其结果违背了"同类相食"的结论，我们将那些诱导产生决策偏差的选项称为诱引选项，与这种相似的效应称作吸引效应，该效应反映当个体所掌握的信息不足或信息过度时，且诱引项的属性值是显著的、易判断的、可比的，诱因项属性值的存在将会影响到人们的属性价值判断，因此可以为决策者判断其他选项属性提供参考点以及锚定点。Ratneshwar 等（1987）发现，顾客如果不熟悉备选项的属性或者缺乏有关备选项实物的刺激也将会产生吸引效应。诱因项信息可以降低产品不协调感，可以被顾客作为当面对不熟悉产品属性而需要做出选择时的理由依据，选择集中诱引项的存在可以减少顾客的思考成本以及简化决策过程。另外，对选择项的属性进行详细的描述可能会使吸引效应减弱或消失。

（3）折中效应。展望理论指出，个体对损失的敏感度大于获得。折中效应源于顾客极端趋避的选择心理。由于极端趋避的选择倾向是顾客避害心理的延伸，因此当产品属性变得极端时，则个体更不愿去尝试。Simonson（1989）在 Huber 等所研究的吸引效应基础上提出了折中效应。如图 3-1 所示，产品 X 和产品 A 代表了极端产品属性，产品 Y 具有中等产品属性。将竞争产品 X 和目标产品 Y 组成二元产品集合 {X，Y} 并加入诱惑产品 A，会导致顾客回避具有极端属性的产品 X 和产品 A，则会大大提高产品 Y 被选择的概率，即产生折中效应。Wedell（1991）从决策过程角度分析情境效应的形成机理，其认为选择集中折中项可以使顾客简化决策过程以及减少思考成本。郭俊辉（2009）在对病人对药品的选择的研究中认为，折中效应会受到产品信息提示方式和风险框架的影响，并提出对某些产品属性进行特定风险认知操作的框架效应，商家可以利用框架效应指导营销中的折中效应。

（4）幻影效应。传统的决策理论认为，决策结果不会受到选择集中不可供选择的备选项的影响。但研究发现，不可供选择项加入与否会影响到选择集中备选项被选的概率。幻影效应是指对于幻影备选项不加入在选择集中相比，当幻影备选项加入后再消失，将致使其他备选项被选中的概率发生较大改变。也就是说，在选择集中加入实际不可被选择的幻影产品，可以改变顾客的属性价值参考判断点，进而影响其决策。如图3-1所示，选项C的属性更接近和类似于选项Y，幻影备选项C的消失，会造成特定选项Y被选的概率大于选项X被选的概率，进而选项Y更容易被选中。也就是说，当顾客中意选项C时，如果选项C不能买到，那么顾客更易于选择与之相类似的选项Y以满足自身的需要。Ariely和Wallsten（1995）的研究认为，当顾客面临选择时，他们会选择和最具有吸引力的幻影项相类似的备选项来代替幻影项的选择。Min和West（2003）研究指出，幻影备选项的移除时间会对顾客的选择造成影响，如果是在顾客做出决策后才告知其不能选择，则可能会造成顾客的抵触心理，导致其选择和幻影项不类似的其他被选项。

比较上述四种情景效应理论得出如下结论：

（1）情境效应会对消费者的偏好及其选择产生影响，在现有的产品选择集内加入一个新的备选项，会对原偏好产生系统的影响，影响消费者对原选择集内某方案的选择概率。在选择集加入诱引项，不仅会导致消费者对选择集中各项属性评价发生偏移，还会增加消费者对目标备选项的感知效果，从而提高消费者对目标备选项的偏好程度。当产品选择集中缺少绝对优势的备选项而消费者又必须做出选择时，则可能会产生非理性选择行为，在这种情况下，消费者的决策分析和选择会受到选项品质、价格高低的设置及品类组合等情境因素的影响。

（2）可以通过设计产品选择集来构建情境效应，消费者对产品价值的判断并非一个绝对值，而是受到周边产品价值的影响，决策中选择集内产品属性的差异会影响消费者的决策选择，商家在营销时，可以通过产品选择集内方案的相似度、商品属性的均衡度、品类组合、陈列布置、设置参照产品来构建情境效应，以提升产品对消费者的吸引力。无论是线上还是线下，商家都应该从情境效应理论出发，有意识地培养及构造产品选择集，创建价值锚定参考点，增加产品选择集中产品的相对价值和相对优势，丰富选择集内的产品属性以创造相当的情境效应，由此合理地引导消费者的选择并进一步促成交易。

3.3.3 对实体店营销实践的指导意义

实体店具有良好的体验价值，消费者也能够感受真实的购物氛围，利用消费者选择决策受到影响的情境因素来提高消费者的购买意愿对增加营业额有重要意义。根据研究结论，我们可以对实体店经营实践做出如下指导：

（1）提供价值锚定作用的参考产品、陪衬产品。市场上的产品属性逐渐趋于无差异化，对于消费者来说区分商品属性的难度也在增大。根据相似性假设以及替代效应的分析，首先，实体店在商品展示上可以提供参考产品以提供价值锚定的作用，以此减少消费者的思考成本并简化决策过程，参考产品的价格、质量等弊端可以放大目标产品的价格、质量等优势；其次，商家在推出新产品时，不仅要考虑核心产品上市，还可以相应地为核心产品配套地开发一些陪衬产品，进而提高核心产品的相对吸引力。陪衬产品的作用是突出核心产品的价值，简化决策，节省思考成本，为目标产品提供价值判断和价值参照锚定点，而不是为了盈利。参考产品、陪衬产品等具有价值锚定作用的诱引产品不仅可以增加消费者对目标商品的感知效用，还可以造成对商品的属性评价发生偏移，引导消费者对目标产品的选择。例如，当实体店某款产品具有质量优势不再具有价格优势时，可以设计具有同等质量而价格较高或者具有同等价格而质量较次的诱引产品来引导消费者的选择。

（2）提供得不到的幻影产品。幻影产品影响了产品集属性的权重，当幻影项消失以后，决策者会将选择意向转移到在该属性上具有相似性的目标选项。商家可以适当运用幻影效应来引导消费者的选择并运用适当的沟通策略，幻影产品在整体属性上应该与目标产品相一致，但在部分属性上应该强于目标产品，幻影产品起引导作用，它不能被消费者真实地选择，在这种情况下，当消费者不能选择幻影产品时，则会考虑商家的目标产品作为替代品。我们可以对幻影产品设置较高的被选条件限制来阻止消费者的选择，或者告知消费者此款产品已经售罄或缺货的信息，这些策略都会引导消费者在无意识之中选择目标产品。通过加入幻影产品，引导消费者对目标产品的选择，可以增加消费者对目标产品的喜好，进而提升其被选概率。同时我们应该注意对幻影产品介绍的说辞，防止消费者因不能选择幻影产品而导致不满情绪的产生然后选择其他无关产品。

（3）提供极端趋避的中间选项商品。当消费者在选择过程中面对风险或者不确定的结果时，极端属性选项会增加消费者选择过程中的冲突感和不确定感，采取一个兼顾两个极端性的中间选项，可以降低消费者选择的内在冲突感和减少选择的风险感。在情境效应中，折中效应较为容易发生，相对于高价高质量和低价低质量，消费者较常选择具有折中属性的中等价格和中等质量的产品，商家应注意调整产品属性的均衡度，提供具有折中的属性和品质定位的产品来促成消费者的购买，或者是设置极端属性的产品来彰显现有产品属性的折中性。

（4）建立产品选择集及强化产品选择框架。对于实体商品或者服务资讯类虚拟商品，当顾客消费时，营销人员一般只会简单地罗列介绍，商家应建立关联性和对比性更强的产品选择集，以便于在消费者面临选择困难时，可以及时地挑选出适合顾客类型的产品集合，以引发适当的情境效应引领消费者做选择。产品选择集还应该做到信息化、数据化，方便营业人员的使用和消费者的权衡。我们还可以设置简单的问卷调查或测评系统，根据消费者选择结果掌握其偏好和消费导向，从而有针对性地引导其不同产品选择集。另外，应注意强化消费者选择框架，由于现实中的消费者进行购买决策时，其所面临的信息丰富多元，产品属性以及外观、颜色等感性特征也都在考虑的范围之内，实体店应强化并简化消费者所面临的选择框架，并适当地运用例如有意识地传递产品缺陷信息等风险框架措施来引导消费者选择。

（5）丰富产品细微属性以及加强营销队伍建设。首先，商家应注意产品细微属性，虽然细微属性对产品主要性能的影响不明显，但是消费者选择时不仅会考虑产品主要的属性，也会考虑产品的感性特征以及产品的符号价值等细微属性，所以丰富产品属性可以进一步提升消费者对产品质量的评价；其次，实体店应加强营销队伍建设，针对产品研发、设计、生产、营销、售后服务整个工作流程，营销人员都应该了解熟知，所谓"知己知彼"才能更好地帮助消费者理解产品的属性，有针对性地培养消费者产生产品属性差值感，另外针对营销中出现的问题也能及时向工作流水线反馈互动，形成一个动态的循环链，以便打造更具吸引力的产品。

3.4 顾客期望与顾客选择行为研究述评

（1）顾客心理认知因素有待加入到顾客期望与顾客行为分析研究中。已有文献从信息视角对顾客选择行为进行了研究，然而信息对顾客选择的作用过程是以顾客的认知与期望为中介的，而相应的作用机理并不清晰。任何一个服务企业都是一系列服务属性的组合。Kardes（2013）指出，当顾客在评价目标选项时，他们不仅考虑目标选项属性的绝对水平，还会考察目标选项在选择集里与其他选项的相对位置。据此判断，顾客选择行为中的期望框架是非单一期望种类能替代的，有待从服务属性视角探讨顾客选择行为中的期望模式问题。通过探索顾客在做出选择行为时对所选服务企业的期望模式特征，指导企业产品创新和营销沟通。

（2）顾客认知与信息加工理论对顾客期望与顾客行为的新解释。已有文献探讨信息对顾客期望的影响具有相同的模式，即在一项研究中只针对某一类信息，检验其对顾客期望的影响，没有全面考虑服务接触过程中可能存在的各种信息对顾客期望影响的综合模式。同时，顾客期望作为一种心理构念，它的形成不仅受到接触信息的影响，还与顾客的认知特征有关。Hekman 等（2010）的研究结果启示我们顾客期望的形成会受到个体认知偏差的影响。但对顾客认知及信息使用偏好等要素对期望影响的研究仍处于起步阶段。现有营销只把握了针对顾客表面信息（性别、年龄等信息）进行顾客期望管理，更深层次的顾客信息，如顾客知识、顾客认知需求对顾客期望形成的影响及企业宜采取的管理方式尚不明确。基于认知心理学的观点，个体对信息加工时，往往按照某种特定的方式过滤和处理信息。对个体判断起主导作用的并非企业所给定信息的具体内容，而是个体对于给定信息的处理方式。同时，与企业信息作用机理不同，服务接触过程中，同属环境顾客传递的信息为消费信息而不是产品信息，其对顾客期望影响的机理有可能不同于企业信息，相关结论有待探索。具体在两种情景下探讨顾客期望与顾客选择行为关系分别是企业呈现信息策略与顾客评论信息情景。

（3）企业信息呈现、顾客期望与顾客选择。基于 S-O-R 模型，外界刺激对顾客行为的作用是以顾客认知期望为中介的。已有文献中，直接对顾客期望影响的信息因素很大一部分是对顾客评论信息的研究。企业对外发布的信息是企业可控的因素之一，对顾客期望有很大影响。然而现有关于企业信息效应的文献多直接作用于顾客行为，越过了对顾客期望影响的分析。企业呈现的信息包含多个设计要素，现有文献以对单一呈现要素的研究居多，对呈现要素间的组合效应关注不足。

（4）顾客评论信息、顾客期望与顾客选择。已有文献从评论者视角、阅读者视角和评论本身视角对在线评论的有用性和效用进行了研究。然而，将研究视角聚焦在负面评论的文献往往存在不一致的研究结论。有些学者认为，负面在线评论对顾客选择具有显著的负面影响，然而，其他学者持不同观点，认为负面在线评论对顾客选择的负面影响不显著。这些相悖的研究结论启发我们负面在线评论对顾客选择意向的影响可能受到某些因素的调节作用的影响。因此，本章以负面在线评论为研究对象，重点探讨具有不同特征的负面在线评论，如评论数量的多少、负面化属性的多少、属性重要性、评论时间距离等，探索负面在线评论对顾客选择意向的作用机理，进而为企业管理及运用在线评论制定营销策略提供合理的建议。

第 4 章

顾客心理相关理论研究

本章主要介绍精细加工可能性模型（ELM）、最优唤醒理论、顾客认知需求、归因理论、双过程理论及卷入理论，并进一步针对顾客认知需求这一变量在顾客自然信息特征与不同服务行业类别下进行比较分析。

4.1 顾客心理相关理论

4.1.1 精细加工可能性模型

4.1.1.1 精细加工可能性模型定义

精细加工可能性模型是 Cacioppo 等（1982，1996）提出的一个解释信息如何产生说服效果以及如何影响态度的模型。所谓精细加工（Elaboration），是指对包含于信息中的与问题相关的论据（Issue-related Arguments）进行思考的程度。当个体有较强的动机和能力去进行这种思考时，称为高精细加工可能性。根据该模型，信息可以通过两个路径——中心路径和外围路径对态度产生影响。当个体的精细加工可能性高时，会对信息中与问题相关的内容做细致的审查和逻辑上的思考，此时信息的说服效果来源于观点的理性程度和逻辑力量，信息通过中心路径影响态度；而当个体的精细加工可能性低时，会依赖一些简单的外围线索（如信息传播者是否是权威专家、信息数量等）来对信息做出反应，此时即使信息接收者没有对信息进行精细加工，信息也会通过外围路径对态度产生影响。

4.1.1.2 精细加工可能性模型的两条路径

该理论把态度改变归纳为两个基本的路径——中枢和边缘两个基本说服路径。所谓中枢说服路径，是指消费者能够有意识地认真考虑广告提供的信息，对广告产品或目标的信息进行仔细思考、分析和归纳，即进行精细加工，并最终导致态度的转变或形成。中枢说服路径把态度改变看成顾客认真考虑和综合信息的结果。边缘说服路径的看法与中枢说服路径相反。所谓边缘说服路径，是指消费者不考虑商品本身的性能及证据，不进行逻辑推理，而是根据广告中的一些线索，如专家推荐、广告诉求点的多少、信息源的可信度、广告媒体的威望、广告是否给人美好的联想和体验等直接对广告做出反应。边缘说服路径认为，顾客对客体的态度改变不在于考虑对象本身的特性或证据，而是将该对象同诸多线索联系起来。这线索可能是肯定的，也可能是否定的。ELM 模型的基本原则是：不同的说服方法依赖于对传播信息做精细加工的可能性高低。当精细加工的可能性高时，说服的中枢路径特别有效；而当这种可能性低时，则边缘的路径有效。两条说服路径的效果有两点重要区别：中枢路径所引起的态度变化比边缘路径的要持久，中枢路径所形成的态度可能比边缘路径预测后来的行为更好。

4.1.1.3 精细加工可能性模型的影响因素

要使消费者产生更积极的产品态度，一种方法是增加消费者的卷入度和对信息的精细加工数量，从中心路径强化产品信息的影响效果；另一种方法是改善信息的外围环境线索，从外围路径强化信息的影响力，使消费者产生更积极的产品态度。

那么，精细加工的可能性高低取决于哪些因素？有研究指出，就消费者自身因素而言取决于其 MAO 水平。其中，M（Motivation）指消费者的信息加工动机，而动机是引起消费者活动并维持已引起的活动而促使活动朝向某一目标进行的内在作用力。消费者信息加工动机产生的内在条件是需要，外在条件是诱因。需要经诱因的唤醒而产生驱动力，驱动消费者去追求需要的满足。A（Ability）指能力，消费者必须具有必要的知识和信息加工技能。O（Opportunity）指机会，即消费者接触外来信息时的条件有利于信息加工的程度，如注意分散或时间限制不利于信息加工，适度的重复有利于信息加工。只有同时满足这三个条件，信息精细加工即中枢路径的选择才有可能。如果消费者 MAO 水平较高，若接收的是缺少认知信

顾客选择行为中的多期望作用模式及其更新研究：服务属性视角

息的情感广告，他们就会认为广告只是在制造一种气氛，并没有实质性的内容；若接收的是具有强有力的诉求点的认知性信息，中枢路径在态度的形成过程中就起主要作用。反之，如果消费者的 MAO 水平较低，而且广告中存在着边缘线索时，理性广告会因为消费者缺乏相应的信息处理动机或能力而显得枯燥，而情感广告则容易引起消费者的共鸣，因而便趋向于选择边缘路径。

研究证实，能够影响消费者动机（M）水平的主要因素有：一是卷入程度。消费者的卷入指产品对消费者具有的重要性和相关性。消费者对广告内容越有兴趣，卷入程度就越高，就越能产生对总体的更详尽的认识，进而从中枢路径形成态度；如果消费者不在意广告说了些什么，那么就可能从边缘路径形成态度。二是认识需要。认识需要是个体参与认知活动的愿望。高认知需要的消费者更喜欢探究问题、对广告信息进行深度加工，其态度形成往往遵从中枢路径；而低认知需要的消费者则尽可能更少地付出认知努力，其态度形成往往遵从边缘路径。三是情绪状态。如果广告引发消费者的积极情绪，使消费者心情舒畅，则他们一般不愿花精力去思考广告内容，这样就产生较少的认识思想，态度形成更遵从边缘路径。

能够影响消费者能力（A）水平的主要因素有：一是知识水平。知识丰富的人比知识贫乏的人可以产生更多的与信息相关的思想，将更倾向于从中枢路径形成态度。如果消费者不太清楚广告说了些什么，那么就可能从边缘路径形成态度。二是理解。不管是因为其知识水平较低还是时间不允许，只要消费者无法理解广告的信息，他们就将倾向于从广告来源或其他暗示里去理解广告，而不是通过广告本身去理解广告信息。

能够影响消费者机会（O）水平的主要因素有：一是分心。分心即精神涣散，是指由于内外干扰而使消费者注意力不能集中。分心的作用主要是干扰消费者的反驳过程，削弱他对说服的防御和抵制，从而产生更顺利的态度改变。社会心理学研究发现，没有分心使个体有足够时间去思考或重组反驳的理由，从而更易于引起态度防御的发生，但如果引起分心的刺激太大，消费者注意力过于分散，导致完全听不到信息，则劝说等于没有发生，只有适度的分心才有利于态度改变。二是时间。消费者越能控制广告展示步骤，就越可能选择中枢路径，如印刷广告比速度较快的电视广告和广播广告导致更高的认识详尽程度，从而引起广告信息的精细加工。

4.1.1.4 精细化可能性模型两条路线效应的差异

一个至关重要的问题是，中枢路径与边缘路径在引起态度改变的效果上有何差异。Kara Chan（1996）进行了一项关于理性广告和情感广告对消费者品牌态度的影响的实验，他选择了 15 种消费者卷入程度高的产品和服务，如银行、汽车、电器产品、办公设备等，15 种卷入程度低的产品和服务，如电池、汽车服务、娱乐、零售店、玩具等，每种产品或服务各选择一个理性广告和一个情感广告，用问卷测试消费者对不同广告的反应。结果表明，消费者更乐意接受情感广告，理性广告常被指责为"单调""没趣""容易忘记"，而情感广告则更经常地被描述为"有吸引力""有趣""有创造性"。

在赢得消费者的喜欢和建立有利的品牌形象方面，情感广告比理性广告效果好。但是，有更多实验结果表明，纯粹因情感引起的态度改变尽管比较强烈，但持续时间较短，消费者可能因时间的推移而逐渐恢复原来的态度，而中枢路径所引起的态度变化更为持久，并且更能抵御反面宣传。此外，中枢路径所形成的态度更能准确地预测消费者未来的行为。

个体对路径的选择受涉入度的影响，而后者受两个重要因素影响：一是动机，即个体对信息处理的强烈欲望（Petty 和 Cacioppo，1979），动机的高低主要受信息的相关性、责任心和认知需求等因素的影响；二是能力，即个体有能力对信息的属性进行临界评定（Petty Wells 和 Brock，1976），能力的高低主要受认知资源的有效性（例如时间紧迫，来不及处理信息）、个体的教育程度等因素的影响。以手机选择举例来说，动机就是我愿意了解关于某款手机的信息，能力就是我能明确地判断出某款手机的通话效果好或者不好。只有当两者都高时，个体的涉入度才会高；当有任意一者较低时，个体的涉入度就低。

中心路径要发生作用，要求个体对客体信息（例如客体的特征和证据）进行较为全面的分析、评价，产生支持或者不支持的认知，进而导致个体态度的形成。由于个体对信息的认知已经比较全面，因此形成的态度也会比较持久。相反，当个体对信息的涉入度较低时，将会进行外围路径加工，即通过客体的外围线索形成认知，如信息源的权威性等，并最终导致态度的形成。这种态度持续时间也较为短暂。

中枢路径与边缘路径的区别主要有三个方面：第一，两条路径处理的信息不同，在中枢路径中处理的是与信息质量相关的论据线索，而在边缘路径中处理的则是一些与信息内容相关的启发式线索；第二，从信息接收者的角度来看，中枢路径需要对论据进行仔细思考和理解，在此过程中信息接收者往往投入较多的认知精力，而采用边缘路径处理信息的要求较低，信息接收者只需要考虑与之相关的边缘线索；第三，两条路径的影响效果不同，因为中枢路径通过对信息相关论据的高努力的思考改变态度，所以其态度改变更为稳定和持久，而边缘路径通过与信息相关的启发式线索改变态度，因此带来的态度改变往往是暂时性的。

4.1.2 最优唤醒理论

Crowley 和 Hoyer（1994）基于最优唤醒理论，提出双维信息（同时包含等量的正性信息与负性信息）通过激发个体的感知新奇性，进而提高个体处理信息的动机与意识，最后提高信息的劝说效果和改变个体行为。当消费者被同时呈现由网站和专家提供的产品的优点和缺点信息时，会激发消费者对于信息的有用性感知和增加信息的劝说效果（Burns, 2008）。这是英国行为主义心理学家贝里尼提出的。贝里尼在对人的感觉经验进行考察时发现，人对新奇的刺激的感觉是随着刺激的重复出现和历时的长短而展开的，刺激重复得越多，时间越长，感知表象的新奇性就会越低。一种是"渐进性"唤醒；另一种是所谓"亢奋性"唤醒。唤醒的偏好水平是个体行为的决定因素。一般人偏好中等唤醒水平，导致最佳唤醒，过高和过低都将导致不好的表现。

唤醒理论认为，环境中的各种刺激都会引起人们的生理唤起，增加人们身体的自主反应。唤醒是由于大脑中心的网状结构被唤起，脑活动增加。唤醒理论用于解释温度、拥挤和噪声对行为的影响是十分有效的。唤醒是影响行为的中介变量和干预因素。唤醒理论认为：唤醒的改变是与环境相联系的，人们情绪的变化引起了唤醒水平的改变，而情绪的变化必然是受到了环境影响的结果；并且愉快与不愉快的情境都能使唤醒水平增加；唤醒的改变使人们去寻求内部和外部的信息；人们倾向于对中等的唤醒水平给予正性评价。

唤醒与操作间的关系，可以用耶克斯—多德森定律来解释。按照该定律所描述的，操作的最佳状态是中等的唤醒水平。当唤醒高于或者低于最佳水平点时，操作行为都会越来越差。唤醒和操作任务复杂程度之间的关系可以用一个倒"U"形曲线来表示：对于复杂任务，偏低的唤醒水平是操作的最佳状态；而简单任务，需要较高的唤醒水平才有利于任务的操作。

4.1.3 认知需求理论

认知需求概念最早于 20 世纪 50 年代由 Cohen 提出，在学术界对其具影响力的理解由 Cacioppo 提出，其认为认知需求是个体参与和享受思考的倾向，强调个体的认知差异。此后，研究逐渐深入到个体情感、需求、意志及各种个性心理特征和内部认知结构。认知需求指在面对认知任务时，个体是否喜欢主动思考。依据信息加工理论，受众在理解某些信息时，会表现出一种认知上的选择性和态度上的倾向性。顾客认知需求不同会影响顾客信息加工过程。有文献表明，在面对复杂的认知活动时，由于认知需求水平的不同，顾客在认知投入程度与认知加工的努力程度上是不同的。人不是被动的刺激接受者，人脑中进行着积极的、对所接收信息的加工过程。受众对信息进行加工时，会由于自身认知资源的有限性，而倾向于不愿投入太多的认知资源，即存在认知惰性现象。对产品信息的解读与顾客信息处理能力关系密切。不同认知需求顾客在信息加工路线上存在差别。高认知需求者偏爱中心线索的加工路线，低认知需求者偏爱外围线索加工路线。同时高认知需求者信息加工逻辑性更强，低认知需求者信息加工过程是高情感依赖的。认知心理学研究认为，认知需求是反映个体在认知动机上差异的一种重要人格特征，对个体信息加工的倾向性有一定的影响。

高认知需求的消费者更愿意采用精细加工可能性模型的中枢路线加工信息，通过对信息的理性评价形成自己的态度，而低认知需求的消费者倾向于回避认知思考活动，他们更少地对信息进行仔细的思考，不愿意进行复杂的认知活动。Gilbert（1989）和 Gilbert 等（1988）提出了信息处理的两阶段过程，第一阶段的"锚定"是基于信息的自动化输入，随后个体会采取更加可控制的方式对第一阶段的信息处理进行修正。根据拟人化的三因素理论，拟人化正是一个如 Gilbert（1989）所提出的两阶段信息处理过程。由于个体关于自我的知识具有高度的可获得性，当个体对非人类实体进行推断时，会将第一阶段这种关于自我的知识作为信息处理的起点或者称为"锚"；在信息处理的第二阶段，个体会采用更加可控制的方式对第

顾客选择行为中的多期望作用模式及其更新研究：服务属性视角

一阶段形成的"锚"进行修正。但需要指出的是，由于第二阶段的信息处理需要消耗认知资源，只有个体有动机花费认知努力时，才会对第一阶段的信息处理进行修正。拟人化是一个对非人类实体进行归纳推理的过程，其之所以普遍存在，原因在于人类对于认知资源是吝啬的，从而使信息处理的第二阶段修正没有发生或者修正不完全，导致个体对非人类实体做出拟人化的推断。然而，个体对信息处理的动机具有稳定的个体差异，即每个个体的认知需求是不同的。那些具有高认知需求的个体倾向于努力思考，所以更有可能克服第一阶段自动化获得的关于自我的信息。另外，Mueller 等（1988）研究发现，高认知需求的个体对关于自己和他人的问题的回答具有同样的反应速度，而低认知需求的个体回答关于自我的问题时的速度明显快于回答关于他人的问题的速度。因此，这些发现表明，高认知需求的个体应当表现出较低程度的拟人化。

Kalyanaraman 等（2006）在研究用户搜寻信息行为时，提出认知需求是影响信息系统可用性和用户对互动系统做出反应的重要方面；徐洁等（2010）认为，认知需求主要在努力程度、自主性和结果及其应用范围方面影响个体的信息加工；张蕾等（2008）从消费者行为角度出发，认为认知需求是消费者知识与广告的明暗示相互影响产生的结果。由此可见，用户认知需求是多种因素相互作用产生的结果，随着主客观的环境不断发生变化。认知需求是个体愿意进行思考的趋向，其实质是个体认知动机的差异，影响其信息加工倾向性。高认知需求者注重信息内容，偏好基于产品属性评价形成认知；而低认知需求者更多依赖于其他人、启发式认知或者社会比较过程，易根据外围信息以及其他市场信号形成品牌态度。高认知需求者信息加工基于逻辑判断和复杂的思考过程，而低认知需求者基于感性，且将重要信息泛化应用于所有相关期望之上。

在调研国内外研究者对用户认知需求研究的相关文献过程中，一般是通过构建用户认知需求量表的方式。Lord 等（1994）运用最大似然因子等方法，提出用户认知需求主要体现在认知刺激享受、复杂性偏好、认知努力的承诺、理解欲望，并通过调查以及方差分析法得出结论，认为认知需求对网络的态度、知觉速度和寻找信息位置的难易程度存在正相关关系；我国对认知需求的研究起步较晚，但是付秋林等（2015）在借鉴国外研究经验的基础上，提出用户认知需求是由内部因素（认知刺激的享受、复杂性偏好、认知努力的程度、理解欲望）以及外部因素（环境因素、设备因素、网络因素、个人因素、任务因素、信息资源因素以及交互因素）在交互环境下产生的结果。

综合国内外研究者对认知需求的理解，本书认为用户认知需求是一种主观和客观环境综合作用的结果，包括用户知识水平、生理或心理感受、情感需求、信息资源以及网络设备等因素。影响用户认知需求的构成指标主要包括主体因素（用户性别、年龄、知识水平等）、客体因素（客体类型、客体特点）以及情境因素（物理环境、人际环境），并据此展开调研，具体调研内容与结论详见 4.2 节。

4.1.4 归因理论

归因理论是关于知觉者推断和解释他人和自己行为原因的社会心理学理论。奥地利社会心理学家 F. 海德在其 1958 年出版的《人际关系心理学》中首先提出归因理论。归因理论表明，在日常的社会交往中，人们为了有效地控制和适应环境，往往对发生于周围环境中的各种社会行为有意识或无意识地做出一定的解释，即认知整体在认知过程中，根据他人某种特定的人格特征或某种行为特点推论出其他未知的特点，以寻求各种特点之间的因果关系。以后一些学者在此基础上陆续提出一些新理论，如维纳、阿布拉姆森、凯利、琼斯等。20 世纪 70 年代归因研究成为美国社会心理学研究的中心课题。有影响的归因理论有如下五种：

（1）海德的归因理论。海德重视对人知觉的研究，认为对人知觉的研究实质就是考察一般人处理有关他人和自己的信息的方式。一个观察者对被观察者行动为何如此感兴趣，他像一个朴素心理学家那样去寻求对行为的因果解释。在海德看来，行为的原因或者在于环境或者个人。如果在于环境，则行动者对其行为不负什么责任；如果在于个人，则行动者就要对其行为结果负责。环境原因如他人、奖惩、运气、工作难易等；个人原因如人格、动机、情绪、态度、能力、努力等。如一个学生考试不及格，可能由于个人原因——他不聪明、不努力等，也可能由于环境原因——课程太难、考试不合理等。海德关于环境与个人、外因与内因的归因理论成为后来归因研究的基础。

（2）维纳的归因理论。维纳及其同事在 1972 年发展了海德的归因理论。维纳认为，内因—外因方面只是归因判断的一个方面，还应当增加另一个方面,即暂时—稳定方面。这两个方面都是重要的,而且是彼此独立的。暂时—稳定方面在形成期望、预测未来的成败上至关重要。例如,如果我们认为甲工作做得出色是由于他的能力强或任务容易等稳定因素造成的,那么就可以期望,如果将来给予同样的任务他还会做得出色;如果我们认为其成功是由于他心情好或机遇好等暂时因素造成的,那么就不会期望他将来还会做得出色。人们可以把行为归因于许多因素,但无论什么因素大都可以纳入内因—外因、暂时—稳定这两个维度构成的四个象限中。

（3）阿布拉姆森等的归因理论。阿布拉姆森、塞利格曼和提斯达尔等于1978年进一步发展了维纳的理论。他们依据对习得的无能为力的研究对失败的归因做了补充,提出了第三个方面,即普遍—特殊方面。如一个学生由于数学老师的偏见在数学考试上总是取不到好的分数,于是他放弃对数学的努力,这是习得的无能为力的表现。他的这种无能为力如果只表现在数学一门课程上就属于特殊方面,如果也扩散到其他课程上,则属于普遍方面。

如果一个学生数学考试失败了,我们应看其原因属于表4-1中的哪一栏,如果属于内部—稳定—普遍一栏,就可以预测他将来在各门课程考试上都不会好;如果属于内部—稳定—特殊一栏,则只能预测他将来在数学考试上不会好。

表4-1 阿布拉姆森等归因理论分析

	内部		外部	
	稳定	暂时	稳定	暂时
普遍	一个重复出现的内部原因扩散到其他情境	一个非重复出现的内部原因扩散到其他情境	一个重复出现的外部原因扩散到其他情境	一个非重复出现的外部原因扩散到其他情境
特殊	一个重复出现的内部原因不扩散到其他情境	一个非重复出现的内部原因不扩散到其他情境	一个重复出现的外部原因不扩散到其他情境	一个非重复出现的外部原因不扩散到其他情境

（4）凯利的归因理论。凯利在1973年提出,可以使用三种不同的解释说明行为的原因:①归因于从事该行为的行动者;②归因于行动者的对

手；③归因于行为产生的环境。

（5）琼斯和戴维斯的归因理论。琼斯和戴维斯于 1965 年提出的归因理论称为对应推论。这个理论主张，当人们进行个人归因时，就要从行为及其结果推导出行为的意图和动机。推导出的行为意图和动机与所观察到的行为及其结果相对应，即对应推论。一个人关于行为和行为原因所拥有的信息越多，他对该行为所做出的推论的对应性就越高。一个行为越是异乎寻常，则观察者对其原因推论的对应性就越大。

影响对应推论的因素主要有三个：①非共同性结果，指所选行动方案有不同于其他行动方案的特点。例如，一个人站起来，走去关上窗户，穿上毛衣，此时我们可以推断他感到冷了。单是关上窗户的行动也可能表示防止窗外噪声，而穿上毛衣这个非共同性结果就可以使人推断这个行动是由于冷。②社会期望，一个人表现出符合社会期望的行动时，我们很难推断他的真实态度。如一个参加晚会的人在离开时对主人说对晚会很感兴趣，这是符合社会期望的说法，从这个行动很难推断其真实态度。但是当一个人行为不符合社会期望或不为社会所公认时，该行为很可能与其真实态度相对应。如上述参加晚会的人在离开时对主人说晚会很糟糕，这是不符合社会期望的行为，它很可能反映出行动者的真实态度。③选择自由，如果我们知道某人从事某行动是自由选择的，我们便倾向于认为这个行为与某人的态度是对应的。如果不是自由选择的，则难以做出对应推论。

个体通常不会被动对待事物的发展，而是经常会推断周围事物发展的原因（Heider，1958；Jones 和 Davis，1965）。通常探索性思维是人的基础的心理机制，通常自动发生。某些元素会促使人们或多或少地去进行归因。例如，归因推断通常是对那些生活中无法预料的、与活动目标相关的、情感冲击等现象的推断（Hastie，1984；Kelley，1973；Weiner，1972）。当个体判别某种因他人行为产生的结果时，个体会将随机的结果归因于他人的经历（Burger，1981；Gilbert 和 Malone，1995；Rim、Hansen 和 Trope，2013）。

归因理论研究的基本问题有：①人们心理活动发生的因果关系，包括内部原因与外部原因、直接原因和间接原因的分析。②社会推论问题。根据人们的行为及其结果，对行为者稳定的心理特征和素质、个性差异做出合理的推论。③行为的期望与预测。根据过去的典型行为及其结果，推断在某种条件下将会产生什么样的可能行为。

归因理论的常见现象有：①基本归因错误，指人们在评估他人的行为时，即使有充分的证据支持，但仍总是倾向于低估外部因素的影响，而高估内部或个人因素的影响。②自我服务偏见，指个体倾向于把成功归因于内部因素（如能力或努力），而把失败归因于外部因素（如运气）。③判断他人时常走捷径，具体表现有：一是选择性知觉，指观察者依据自己的兴趣、背景、经验和态度进行的主动选择。二是晕轮效应，指根据个体的某一种特征（如智力、社会活动、外貌），从而形成总体印象。三是对比效应，指对一个人的评价并不是孤立进行的，它常常受到最近接触到的其他人的影响。四是定型效应，指人们在头脑中把形成的对某些知觉对象的形象固定下来，并对以后有关该类对象的知觉产生强烈影响的效应。五是第一印象效应（首因效应），指人对人的知觉中留下的第一印象能够以同样的性质影响着人们再一次发生的知觉。

4.1.5 双过程理论

与单过程理论不同，双过程理论认为，人们能够用两种不同维度对一个命题进行评估：演绎正确性和归纳强度（Rips，2001）。双过程理论支持推理有两个潜在机制的观点，如启发过程（Heuristic Processing）和分析过程（Analytic Processing）（Bago 和 De Neys，2017；Evans 和 Stanovich，2013）。其中，启发过程依赖直觉，速度较快，而分析过程依赖工作记忆，速度较慢，同时也更谨慎（Hawkins、Hayes 和 Heit，2016；Hayes、Heit 和 Rotello，2014）。关于启发和分析过程是如何作用于推理活动的仍存在争议，目前讨论较多的观点主要有默认干预模型、平行双过程理论和混合双过程理论。

默认干预模型认为，推理活动分为启发和分析过程两个阶段，人们首先在启发过程产生一个默认答案，而在分析过程中对这个默认答案进行干预和修正，当分析过程产生的答案与启发过程产生的默认答案冲突时，推理者会接受分析过程的答案，如果分析过程给出的答案实际上是错的，那么推理者最终也会给出错误答案（Bago 和 De Neys，2017；Evans 和 Stanovich，2013）。平行双过程理论认为，个体在进行推理活动时，分析和启发过程同时启动，产生两个平行答案，两者是竞争关系，至于哪个过程会取得竞争胜利，要考虑可利用认知资源以及时间压力等因素（Handley、Newstead 和 Trippas，2011），因此平行双过程理论也称为平行竞争模型。实验研究发现，无论是默认干预模型还是平行竞争模型，似乎都不能完美地解释实验数据，因此混合模型应运而生（Bago 和 De Neys，2017）。混合模型认为，人们在进行推理活动时，首先由快速的启发过程产生多个平行的答案，这些平行答案接下来会交给分析过程去处理，混合模型综合了默认干预模型的系列加工和平行竞争模型的平行加工的特点。

双过程理论认为，进行归纳推理和演绎推理时均需要经历分析和启发过程，但两者受到分析和启发这两个机制的影响程度并不相同（Evans，2012；Rotello 和 Heit，2009）。进行归纳推理判断时更受快速启发过程的影响，因为快速启发过程主要利用上下文信息和相似性信息，而不需要判断命题在逻辑上是否有效；与此相反，演绎推理过程需要进行逻辑判断，更多地受慢速的、包含更谨慎、更准确的分析过程的影响（Hahn、Harris 和 Oaksford，2013）。Raffaele 等（2015）通过旅游相关产品评论数据，基于双过程理论研究在线评论对顾客产生的信息与规范性的作用。信息的影响是基于信息相关内容的判断，如评论质量、来源可信度以及提供的信息量。规范的影响是指人群的意见信息，如整体产品的排名和客户评级。研究结果表明，顾客主要受到信息质量的影响，其次是评论者的等级和产品的整体排名。

4.1.6　消费者卷入理论

卷入程度是指消费者对于购买活动或相关的产品所产生的不可察觉的动机、激励或兴趣的状态，它与消费者的信息搜寻行为存在显著的关系（Havitz 和 Dimanche，1999）。卷入程度代表的是消费者个人与购物活动的关联程度。卷入程度分为高卷入度和低卷入度（Smith 和 Swinyard，1978）。高卷入度是指对某一事物积极强烈的关注和参与。这种关注和参与落实到消费者行为上则表现为积极的信息搜寻、加工和评价。低卷入度一般是指购物的风险相对较低，不会引起消费者内心的不稳定，它通常表现在消费者日常生活用品的购买当中，这个时候消费者的购买决策过程就会缩短。主观上对于这些因素的感受越深，表示对该产品的消费卷入程度越高，称为消费者的"高卷入"，该产品则为"高卷入产品"，反之则称为消费者的"低卷入"或"低卷入产品"。

前人研究显示，高卷入度个体倾向于使用多项衡量标准（Mitchell，1980），通过搜寻更多的外部信息源来获得更多的信息（Jamrozy 等，1996），检验信息的重要性（Perduce，1993）。Zaichkowsky（1994）在其研究中指出，高卷入度的消费者会更有兴趣获取产品的有关信息，也会更倾向于评价对比各种竞争方案，同时他们在品牌及产品属性间会感知较大的差异，从而较容易产生品牌偏好。低卷入度个体则通常不会进行外部信息搜寻活动，而且很少在做出购买决策之前进行方案评估（Engel 等，1995）。

根据 Zaichkowoshy（1985）的研究，卷入程度主要通过三个方面进行测量：产品因素、个体因素和环境因素。产品因素是指造成差异并增加兴趣的目标物的特性；个体因素是指促使个人朝特定目标前进的内在兴趣、价值和需求等的因素；环境因素是指暂时增加对目标物的关联性或兴趣的一些因素。

消费者卷入理论是 20 世纪 60 年代消费者心理学家提出的一个重要理论。对"卷入"的研究始于 20 世纪 40 年代，但是直到 Krugman（1965）才将"卷入"的概念普及化并将其引入消费者行为的研究中。在营销领域中，有关消费者卷入的定义众说纷纭，如表 4-2 所示。

表 4-2 卷入的定义

研究学者	定义
Wright	购买与个人的相关程度
Mitchell	被某特定刺激所激起的兴趣大小
Batra 和 Ra	在某种状态下，心智努力的程度
Burnkrant 和 Sawyer	个人对于信息需求所激发的状态
Petty Cacioppo 和 Schumann	购买与个人的相关程度
Woodside、Greenwald 和 Leavit	某特定事件所激起的兴趣大小
Gardner、Mitchell 和 Russ	当需要对一连串信息做分析时，个人注意能力的分配
Zaichkowsky、Park 和 Young	购买与个人的相关程度
Leigh 和 Menon	个人所注意到的重要性程度及处理时的深度
Rews	被外物所激发的内在状态，包括强度与方向

Antil（1984）认为，卷入是指在一种特定情境，刺激引发的兴趣程度。Zaichkowsky（1985）将卷入定义为使用者个人基于本身固有的需求、价值观和兴趣，对某项事物感觉的相关程度。Zaichkowsky（1986）将卷入的起源归纳成三类主要因素：①个人因素，包含潜在的兴趣、价值或需求等，促使个人朝向目标前进的动机因素。②实体因素，目标物的特性会造成兴趣的差异增加。③情境因素，能够暂时增加对目标物的关联性或兴趣的一些因素。

消费者的卷入是购买决策中的心理活动，影响到消费者对于产品信息的搜集、对于产品性能的认识，并且最终影响到消费者对于该产品的态度。因此，研究消费者的卷入现象，可以从侧面反映消费者对于产品的认知以及态度。这一原理也可以反过来解释，即消费者的态度以及认知程度可以反映出消费者对产品的卷入状态。

此外，还可以进一步从消费者的个性、产品特征以及购物情景等角度来对消费者的卷入程度进行区别和分析。消费者的卷入程度首先和消费者的个性特征有关，所以在有关的文献中也把这一类卷入称为个性卷入。当某一事物与消费者的价值趋向紧密联系在一起的时候，消费者就会表现得高度卷入。从产品特征的角度来讲，消费者的卷入程度一方面取决于产品的类别、产品对个人的重要程度、消费者对某一确定品牌或者商家的依赖程度；另一方面取决于消费者可能感受到的购买风险。产品对消费者的意义重大，产品购买的风险又较大，消费者就会表现得高度卷入，在很多情况下就会放弃原有的价格取向，转而购买更贵的产品。消费者的卷入程度还和购物时的具体情景有关。消费者临时有了购买意愿，那么就会立刻产生对购买对象的关注；如果存在时间上的压力，消费者也会调整自己的卷入程度。

罗斯契尔（Michael L. Rothschild，1979）在关于非营利组织的市场营销研究中，把卷入度分为情景的卷入度、持续卷入度和反应卷入度。在消费者的购买和沟通行为中，卷入度被看作一个影响消费者行为的因变量。一般来说，产品的价值越高，产品越复杂，顾客的参与程度越高，感知风险越大；产品不同，每种风险的重要程度也不同（Jacoby 和 Kaplan，1972）。Dholakia 等（2004）选取不同卷入度的产品，探讨其与消费者风险感知的关系，证实了产品卷入度和感知风险存在事实上的关系。另外，在卷入度和风险感知的构面中，重要性是它们共同的维度，重要性越大，消费者的风险感知和产品的卷入度也就越大，同时高卷入度和高的风险感知都需要大量的信息收集和详细的信息处理过程等。卷入度对感知风险有积极的影响，Laurent 和 Kapferer（1985）甚至将感知风险作为测量卷入度的一个维度，在 Michel Laroche 和 Jasmin Bergeron（2001）的研究中，认为只有在高卷入度的条件下，抽象的产品的三个维度才会对消费者的风险感知产生影响。

4.2 不同服务类别下的顾客认知需求差异研究

4.2.1 研究背景

随着经济的发展、政策的变化，在市场活动中，顾客的主体地位日渐明显，企业要想提高销售量，增加利润，必须掌握好顾客的消费心理以及消费行为。在顾客行为这项研究中，不仅可以了解到顾客是如何获取产品或服务的，还能够了解顾客是如何使用、处理消费品的。这些信息对于任何一家企业来说，都是至关重要的。因此，这项研究是市场调研中最为普通、最经常实施的研究，有助于企业提高决策水平，增强营销决策的合理有效性。但同时，仅仅研究顾客行为是不够的，因为有些问题没有办法合理有效地解决，下面通过两个例子来说明。

例一：去商场购物的时候，有的店铺导购人员十分热情，有的店铺导购人员十分冷淡。在同样面对十分热情的导购人员时，有些顾客十分满意，认为这是对自己的尊重，但有的顾客就会感觉到厌烦。那么，是什么原因造成这样的现象呢？认知需求会不会影响顾客对营销方式的选择呢？

认知需求是一种重要的人格特征，它是个体从事并享受努力的思考活动的倾向，在很大程度上影响个体组织提炼和评价信息的广度和深度。简单来说，认知需求不同的顾客，在面对同样的营销方式时，做出的行为是不一样的。因此，就需要研究不同认知需求下顾客行为的差异，这可以帮助企业更好地做出营销决策。

例二：近些年来，随着网络的普及、物流行业的发展，网购已经成为一种流行的趋势，越来越多的人会选择在网上购买商品，足不出户就能买到心仪的商品。作为顾客，总会遇到这样一个问题：在购买前，是否要问客服来了解更多的产品信息。笔者发现，同一个人，在购买不同的产品时，会做出不同的行为，有的时候会询问客服更多信息，有的时候则完全凭借喜好购买。那么，是什么原因造成这种现象呢？产品类型会有影响吗？

Nelson（1970）依据顾客对产品感知、判断评估的难易程度的不同，将产品分为三类：搜索类产品、体验类产品和信任类产品。在同样的认知需求下，顾客面对不同的产品，行为是有差异的，因此，需要研究在同样的认知需求下，不同产品的顾客行为是什么样的。这有助于不同的企业选择不同的营销策略。

从顾客购买行为研究的角度来看，顾客购买行为是复杂的，其购买行为受内在因素和外在因素的相互促进和相互作用的影响。顾客的购买行为受年龄、性别、职业、收入、文化程度、民族和宗教等因素的影响，以致其需求有很大的差异，同时对产品也有不同的要求。而且随着经济技术等的发展，顾客的消费习惯、消费观念、消费心理也在不断地变化，因此顾客的购买差异也越来越大。

企业对于顾客的研究，多是从顾客的自然信息特征方面入手，而以认知和心理为标准进行划分的研究少之又少。但顾客的心理往往是最复杂、最难把握的，同时顾客认知需求的差异会导致顾客在选择、偏好、关注点等方面都表现出不同，这种不同对很多方面都会产生影响。因此，研究顾客认知差异尤为重要。

4.2.2 研究问题

从顾客认知需求这个角度来分析了解顾客，对于企业来说是至关重要的。什么样的因素会影响到顾客的认知需求？认知需求高的顾客在购买过程中会有什么样的行为表现？认知需求低的顾客会有什么样的行为表现？企业在面临不同认知需求的顾客时，应当有所针对地采取不同的营销手段。那么，什么样的营销手段适合认知需求高的顾客？什么样的手段适合认知需求低的顾客？本部分重点研究什么因素会对顾客的认知需求产生影响、不同认知需求的顾客在购物时的行为特征，并对企业提供相应的建议。

认知需求是一种重要的人格特征，Bailey 和 Strube（1991）的研究指出，高认知需求的顾客在做选择时会对每个选项的各个属性进行比较后再选择，是对选项属性进行整体的判断。低认知需求的顾客则更倾向于针对个别属性来进行决策。此外，认知需求高的人更喜欢复杂的认知任务，并愿意尽可能地使用已知经验和信息来搜索和综合分析相关资料；而认知需求低的人倾向于避免沉思。

Nelson（1970）依据顾客对产品感知、判断评估的难易程度的不同，将产品分为三类：搜索类产品、体验类产品和信任类产品。这种分类原则的依据是顾客对产品特性的了解程度及了解方式，划分方式是由信息不对称的水平决定的。搜索类产品，指在购买和使用产品前就能充分获得该产品的主要特征信息，顾客通过搜索产品信息就能确定产品的质量。这种产品的信息特征比较简单，顾客通过以往的购买经验以及去实体店观察得出的信息，就能比较准确地判断出产品的质量，如杂志、手机、电脑等产品。

与基于搜索的产品不同，基于体验的产品顾客很难通过以往的经验或者简单地搜集信息来判断产品的好坏、是否应该购买。对于体验类产品，实际的适用体验对购买决定影响很大。体验型产品分为六类：①生活服务类，如体验性餐饮、酒店行业、零售业、日常生活服务等。②休闲类，如体验性游乐园、主题公园、特色旅游、俱乐部等。③娱乐类，如网络、游戏、动漫、互动性体验。④文教类，如文化教育、电影、电视。⑤生活用品类，如体验性生活用品、服务及相关产业。⑥身心锻炼类，如自我身心调控及宗教性产品、服务等。信任型产品是指即使商家提供较为详细的产品或服务说明、展示、演示等，但是由于顾客没有专业的知识，或者由于该项产品、服务的价值判断很难有一个标准，使顾客即便使用了一定时间后也难以准确判断其质量的产品或服务。信任类产品多为无形的服务型产品，如医疗、金融投资、网站维护、律师事务所提供的法律服务等。

4.2.3 研究内容与研究设计

4.2.3.1 研究内容

本章主要研究不同认知需求下，顾客购买行为的差异。已有研究中提到的影响认知需求的因素主要有年龄、性别、学历、月收入水平状况。因为大部分的行业，产品细分的标准是年龄、性别、收入，而学历影响了顾客的购买行为和购买习惯，因此选择年龄、性别、收入、学历这四个因素来讨论。产品类型主要分为体验类、搜索类、信任类。

4.2.3.2 研究设计

根据顾客对产品特性的了解程度及了解方式，对产品感知、判断评估的难易程度的不同，将产品分为三类：搜索类产品、体验类产品和信任类产品。在本次实验中，选择手机、旅游、教育机构这三种产品及服务来分别代表搜索类产品、体验类产品和信任类产品。选择这三种产品及服务的主要原因是顾客对三者基本都了解并有所接触，可以方便消费者在回答问卷时做出符合想法的选择。并且，这三种产品或服务的价格都不是一个很小的数目，大多数顾客在进行选择购买前，要经过认真的思考、比较，才能做出最终的购买决定，这样就减少了顾客因为产品价格低造成的冲动性消费。本次研究主要采取问卷调查的方式（调查问卷详见附录Ⅰ）。

4.2.3.3 调查问卷

问卷由三部分组成。第一部分是顾客自然特征的信息，包括性别、年龄、学历、月收入水平状况。第二部分是认知需求量表。Cacioppo 和 Petty（1982）设计制定了 34 个题目的量表，随后将其缩减为 18 个题目。北京大学邝怡等对其修改后形成了《认知需求量表（中文版）》。该量表内部一致性信度系数为 0.8916，分半信度系数为 0.8987，重测信度系数为 0.856，具有较好的区分效度，量表采用李克特 7 点计分方式，量表计分可以反映顾客的认知需求水平。本实验采用的就是该量表，通过发放问卷，得到一定数量的样本信息，再对总分数求和取平均值，高于平均值的，我们认为是认知需求高的；低于平均值的，我们认为是认知需求低的。第三部分是顾客的购买行为。这一部分选取了三个产品——手机、旅游和教育机构来代表产品的三个类别——搜寻、体验和信任。

(1) 搜索类产品——手机。选择手机作为搜索类产品的代表，主要原因是：手机作为现在不可或缺的工具，几乎人手具备，每个顾客都有过购买手机的体验。选择手机作为代表，方便调查问卷数据的收集。问卷中选项 A 为搜集各种相关信息，反复比较，最终购买；选项 B 为不愿去搜集特别多的信息，通过外观、品牌等少数信息进行购买。选项 A 所代表的是顾客愿意花时间去了解、搜集产品的相关信息，选项 B 代表的是消费者不愿意花时间去了解、搜集产品的相关信息，这样设计使选项具有明显的差异性，有利于消费者选择更适合自己的营销模式。

(2) 体验类产品——旅游。选择旅游作为体验类产品的代表，主要原因是：旅游是一项非常常见的活动，大部分的顾客都接触、了解过，这样就降低了问卷调查的难度，填写问卷的顾客可以根据自己的实际情况来进行回答。问卷中选项 A 为查询各类网站信息，制定各种攻略；选项 B 为来一场说走就走的旅行。选项 A 所代表的是顾客愿意花时间去了解、搜集产品的相关信息，选项 B 代表的是顾客不愿意花时间去了解、搜集产品的相关信息，这样设计使选项具有明显的差异性，有利于顾客选择更适合自己的营销模式。

(3) 信任类产品——教育机构的选择。选择教育机构的选择作为信任类产品的代表，主要原因是：现在教育机构越来越多，授课的内容也五花八门，基本每个消费者都曾为自己或为自己的子女选择过教育机构。教育机构如何选择对消费者来说并不陌生，这样有利于问卷的搜集，也更具有代表性。问卷中选项 A 为搜集各种信息，实地考察，最终选择；选项 B 为哪家最出名就选哪一家。选项 A 所代表的是消费者愿意花时间去了解、搜集产品的相关信息，选项 B 代表的是消费者不愿意花时间去了解、搜集产品的相关信息，这样设计使选项具有明显的差异性，有利于消费者选择更适合自己的营销模式。

4.2.4 数据分析

4.2.4.1 描述性统计分析

根据调查问卷的内容，先了解一下问卷的基本信息情况。正式调研发放问卷总数为 153 份，实际有效回收问卷 153 份。在这 153 份问卷中，男生有 38 份，女生有 115 份，分别占问卷总数的 24.84% 和 75.16%。年龄大多集中在 19~30 岁，学历多为本科，月收入水平多集中于 5000 元以下（见表 4-3 至表 4-6）。

表 4-3　样本性别

性别	发放问卷（份）	有效问卷（份）	比例（%）
男	38	38	24.84
女	115	115	75.16
合计	153	153	100

表 4-4　样本年龄

年龄	发放问卷（份）	有效问卷（份）	比例（%）
18 岁及以下	3	3	1.96
19~30 岁	131	131	85.62
31~60 岁	18	18	11.76
61 岁及以上	1	1	0.65
合计	153	153	100

表 4-5　样本学历

学历	发放问卷（份）	有效问卷（份）	比例（%）
初中及以下	3	3	1.96
高中	8	8	5.23
大专	19	19	12.42
本科	115	115	75.16
研究生及以上	8	8	5.23
合计	153	153	100

表 4-6　样本月收入水平

月收入水平	发放问卷（份）	有效问卷（份）	比例（%）
1000 元及以下	47	47	30.72
1001~3000 元	51	51	33.33

续表

月收入水平	发放问卷（份）	有效问卷（份）	比例（%）
3001~5000 元	38	38	24.84
5001~8000 元	11	11	7.19
8001 元及以上	6	6	3.92
合计	153	153	100

4.2.4.2 交叉列联表分析

交叉列联表分析是分别针对年龄、性别、学历、月收入水平状况与认知需求高低的关系及认知需求高低与不同类型产品之间的关系。在这部分，选择用平均值法来进行研究。通过整理问卷数据，可以得出在认知需求量表测试这一部分中，样本的总得分为12021分，平均分约为79分，因此，在本书中，以79分为界限，79分以下的为认知需求低的样本，79分以上的为认知需求高的样本。认知需求低的样本总共83份，认知需求高的样本总共70份。

（1）性别与认知需求高低关系如表4-7所示。

表4-7 性别与认知需求高低关系

认知需求 \ 性别	男（人）	比例（%）	女（人）	比例（%）	总计（人）
低	21	55	62	54	83
高	17	45	53	46	70
总计	38	100	115	100	153

通过分析表4-7可以得出：在认知需求低的样本中，男生数量占男生总体数量的55%，女生数量占女生总体数量的54%；在认知需求高的样本中，男生数量占男生总体数量的45%，女生数量占女生总体数量的46%。因此可以发现，在这次实验调查中，性别对于认知需求高低的影响不是很大。为了使这个推测更具有科学性，利用SPSS软件进行了卡方分析，截取数据如表4-8所示。

第4章 顾客心理相关理论研究

表4-8 性别与认知需求的卡方检验

	值	df	渐进 Sig.（双侧）
Pearson 卡方	0.021	1	0.885
似然比	0.021	1	0.885
有效案例中的 N	153		

通过表4-8可以发现，渐进数大于0.05，说明性别的不同跟认知需求的高低没有必然联系。

（2）年龄与认知需求高低关系如表4-9所示。

表4-9 年龄与认知需求高低关系

年龄 \ 认知需求	低（人）	高（人）	总计（人）
18岁及以下	2	1	3
19~30岁	70	61	131
31~60岁	10	8	18
61岁及以上	1	0	1
总数	83	70	153

通过分析表4-9可以发现：在把30岁及以下的归为青少年类，30岁以上的归为中老年类的条件下，青少年在认知需求低的样本中所占比例为87%，在认知需求高的样本中所占比例为89%，中老年在认知需求低的样本中所占比例为13%，在认知需求高的样本中所占比例为11%，没有明显的差异。由此判断，在此次实验中，年龄对认知需求的影响不太大。为了验证这个判断，进一步对年龄和认知需求的关系做了卡方检验，利用SPSS软件，得到表4-10。

表4-10 年龄与认知需求的卡方检验

	值	df	渐进 Sig.（双侧）
Pearson 卡方	1.077	3	0.783
似然比	1.462	3	0.691
有效案例中的 N	153		

通过观察表4-10能够清楚地发现，渐进数为0.783，大于0.05，说明年龄的差异跟认知需求高低没有必然联系。

（3）学历与认知需求高低关系如表4-11所示。

表4-11 学历与认知需求高低关系

学历 \ 认知需求	低（人）	高（人）	总计（人）
初中及以下	2	1	3
高中	5	3	8
大专	10	9	19
本科	62	53	115
研究生及以上	4	4	8
总数	83	70	153

通过分析表4-11可以发现：在把初中及以下、高中、大专分为一类，本科、研究生及以上分为一类的前提下，大专及以下的样本占低认知需求总样本的20%，占高认知需求总样本的19%；本科及以上的样本占低认知需求总样本的80%，占高认知需求总样本的81%，没有明显的差别。由此判断，学历对认知需求的高低没有明显的影响。同样，为了验证这个判断，也对学历和认知需求这两个因素做了卡方检验，见表4-12。

表4-12 学历与认知需求的卡方检验

	值	df	渐进 Sig.（双侧）
Pearson 卡方	0.489	4	0.975
似然比	0.497	4	0.974
有效案例中的 N	153		

通过观察表4-12可以发现，渐进数为0.975，大于0.05，说明学历的差异跟认知需求的高低没有必然联系。

（4）月收入水平与认知需求高低关系如表4-13所示。

表 4-13 月收入水平与认知需求高低关系

月收入水平 \ 认知需求	低（人）	高（人）	总计（人）
1000 元及以下	27	20	47
1001~3000 元	21	30	51
3001~5000 元	24	14	38
5001~8000 元	6	5	11
8001 元及以上	5	1	6
总数	83	70	153

通过分析表 4-13 可以发现：在把 3000 元及以下归为中低收入，3000 元以上归为高收入的条件下，中低收入在认知需求低的样本中占 58%，在高认知需求的样本中占 71%；高收入在认知需求低的样本中占 42%，在高认知需求的样本中占 29%。由此可以看出，收入在认知需求高低中所占比例有所差异。因此，为了判断月收入水平状况是否与认知需求高低密切相关，利用 SPSS 软件做了卡方检验，见表 4-14。

表 4-14 月收入水平与认知需求的卡方检验

	值	df	渐进 Sig.（双侧）
Pearson 卡方	6.966	4	0.138
似然比	7.202	4	0.126
有效案例中的 N	153		

通过观察表 4-14 可以发现，渐进数为 0.138，大于 0.05，说明月收入水平的差异跟认知需求高低没有必然联系。这样一来，可以发现检验的结果与观察到的结果有所差异，所以，针对月收入与认知需求的关系，采取了三分之一法来进行分析。三分之一法是指取总样本上下 1/3 的数据作为认知需求高低的划分。总样本数为 153 份，将调查分数从低到高排序，第 1 份到第 51 份为认知需求低的样本，第 52 份到第 102 份为中间数据，103 份到 153 份为认知需求高的样本，见表 4-15。

表 4-15　月收入水平与认知需求高低关系

	低	高	总计
1000 元及以下	19	12	31
1001~3000 元	14	24	38
3001~5000 元	13	10	23
5001~8000 元	1	4	5
8001 元及以上	4	1	5
总数	51	51	102

通过分析表 4-15 可以发现：在把 3000 元及以下归为中低收入，3000 元以上归为高收入的条件下，中低收入在认知需求低的样本中占 65%，在高认知需求的样本中占 71%；高收入在认知需求低的样本中占 35%，在高认知需求的样本中占 29%。卡方检验结果如表 4-16 所示。

表 4-16　月收入水平与认知需求的卡方检验

	值	df	渐进 Sig.（双侧）
Pearson 卡方	10.409	4	0.034
似然比	10.801	4	0.029
有效案例中的 N	102		

通过观察表 4-16 可以发现，渐进数为 0.034，小于 0.05，因此得到与平均值法不一样的结论，月收入水平不同，认知需求高低也有所不同。

（5）认知需求与体验类产品（旅游）选择的关系如表 4-17 所示。

表 4-17　认知需求与体验类产品（旅游）选择关系

认知需求 \ 体验类产品（旅游）选择	A（人）	B（人）	总数（人）
低	61	22	83
高	58	12	70
总数	119	34	153

在表 4-17 中，A、B 分别代表两个选项。选项 A 为查询各类网站信息，制定各种攻略；选项 B 为来一场说走就走的旅行。通过分析可以发现：不管是认知需求高的还是认知需求低的，大部分人的选择都是 A 选项，也就是说，对于像旅游这种体验类的产品来说，消费者更接受提前搜集相关信息，然后再做出决策。选择 A 的消费者，认知需求低的占 51%，认知需求高的占 49%，比例相差不大；选择 B 的消费者，认知需求低的占 65%，认知需求高的占 35%，比例相差明显。为了判断认知需求高低是否与体验类产品的选择有显著关系，对认知需求与体验类产品进行卡方检验，见表 4-18。

表 4-18　认知需求与体验类产品选择的卡方检验

	值	df	渐进 Sig.（双侧）
Pearson 卡方	1.926	1	0.165
似然比	1.423	1	0.162
有效案例中的 N	153		

通过观察表 4-18 可以发现，渐进数为 0.165，大于 0.05，说明在认知需求高低有所差异的情况下，消费者对体验类产品的选择行为没有较大不同。

（6）认知需求与搜索类产品（手机）选择的关系如表 4-19 所示。

表 4-19　认知需求与搜索类产品（手机）选择关系

认知需求	搜索类产品（手机）选择 A（人）	B（人）	总数（人）
低	56	27	83
高	51	19	70
总数	107	46	153

在表 4-19 中，A、B 分别代表两个选项。选项 A 为搜集各种相关信息，反复比较，最终购买。选项 B 为不愿去搜集特别多的信息，通过外观、品牌等少数信息进行购买。通过分析可以发现：在选择 A 选项的样本中，认知需求低者占了 52%，认知需求高者占了 48%；在选择 B 选项的样

本中，认知需求低者占了 59%，认知需求高者占了 41%。从数据上看，认知需求高低对于选项的选择影响不是很大，因此做了认知需求与搜索类产品选择的卡方检验来判断两者之间的关系，见表 4-20。

表 4-20 认知需求与搜索类产品选择的卡方检验

	值	df	渐进 Sig.（双侧）
Pearson 卡方	1.162	1	0.281
似然比	1.170	1	0.279
有效案例中的 N	153		

通过观察表 4-20 可以发现，渐进数为 0.281，大于 0.05，说明在认知需求高低有所差异的情况下，消费者对搜索类产品的选择行为没有较大不同。

（7）认知需求与信任类产品（教育机构）选择关系如表 4-21 所示。

表 4-21 认知需求与信任类产品（教育机构）选择关系

认知需求	信任类产品（教育机构） A（人）	B（人）	总数（人）
低	70	13	83
高	66	4	70
总数	136	17	153

在表 4-21 中，A、B 分别代表两个选项。选项 A 为搜集各种信息，实地考察，最终选择。选项 B 为哪家最出名就选哪一家。通过分析发现：对于信任类的产品，绝大多数人选择事先搜集大量的信息，极少数人选择不去搜集信息。在选择 A 选项的消费者中，认知需求低者占了 51%，认知需求高者占了 49%，从比例来看，差别不明显；在选择 B 选项的消费者中，认知需求低者占了 76%，认知需求高者占了 24%，从比例来看，差异明显。为了判断认知需求与信任类产品的选择是否有密切的关系，进行认知需求与信任类产品选择的卡方检验，见表 4-22。

表 4-22 认知需求与信任类产品选择的卡方检验

	值	df	渐进 Sig.（双侧）
Pearson 卡方	4.024	1	0.045
似然比	4.255	1	0.039
有效案例中的 N	153		

通过观察表 4-22 可以发现，渐进数为 0.045，小于 0.05，说明在认知需求高低有所差异的情况下，消费者对信任类产品的选择行为有较大不同。

4.2.5 结果讨论

通过以上的数据分析，能够发现三种现象，如下为造成三种现象的原因讨论。

4.2.5.1 对月收入水平与认知需求关系中的现象分析讨论

（1）现象。在月收入水平与认知需求关系的分析中，用平均值法确定认知需求高低的界限时，发现月收入状况与认知需求没有显著关系。但是在用三分之一法确定认知需求高低界限的时候，发现月收入状况与认知需求是有显著关系的，那么，是什么原因造成的这种现象呢？

（2）分析讨论。在分析数据时，就能发现：收入在认知需求高低中所占比例有所差异，认知需求低的大部分为高收入者，认知需求高的多数为低收入者。导致这种结果的原因可能是高收入者的收入水平能够支持低认知需求。根据已有文献提到的，认知需求低的消费者不愿花时间去搜集过多的信息，不愿意过多地思考，而高收入者的收入水平可以很好地满足这种心理，不管去哪儿，不管购买什么产品，不用过多地去思考价格的问题，只要考虑是否喜欢、是否适合自己就可以了。针对用平均值法没有发现显著关系，用三分之一法发现了显著关系这一点，原因可能为：用三分之一法确定的认知需求样本，高低组之间差异更明显。因为调查问卷的数据多来源于网络调查，填写者大多为学生，月收入状况差异不大。用平均值法进行分组时，每组样本的差异不大，所以进行卡方分析时，没有显著的关系。在用三分之一法时，每组的差异较大，因此在进行卡方分析时，有显著关系。

4.2.5.2 对认知需求与体验类产品选择关系中的现象分析讨论

（1）现象。从数据中发现，选择说走就走的消费者，低认知需求者所占比例几乎是高认知需求者所占比例的 2 倍，那么，是什么原因造成这种结果的呢？

（2）分析讨论。在少数选择说走就走的消费者中，认知需求低者占了半数以上。造成这一现象的主要原因可能是体验类产品的产品特征。体验类产品，消费者很难通过简单的数据信息就准确地判断出产品或服务质量的好坏，需要通过实际的体验才能得以判断。而且，对于像旅游这种体验类产品，每个人的感受不同，对同一个地方同一种服务的评价也是不一样的。并且对于这种产品，也没有办法先去体验，然后再决定是否购买。所以，低认知需求的消费者可能就不是很喜欢花费很多时间、很多脑力来搜集各种信息。但同时，在现如今的社会，搜索信息是一件非常容易的事情，消费者可以从任何地方，轻而易举地发现自己想要找的信息，因此，这也是不论认知需求高低，消费者在选择体验类产品前都搜集信息的原因。

4.2.5.3 对认知需求与信任类产品选择关系中的现象分析讨论

（1）现象。在认知需求与信任类产品选择关系的分析中，从数据中可以看出，在极少数选择 B 的消费者中，认知需求低的消费者是认知需求高的消费者的 3 倍以上。那么，又是什么原因导致这个结果的呢？

（2）分析讨论。从数据中可以看出，在极少数选择哪家名声大就去哪家的消费者中，认知需求低者是认知需求高者的 3 倍以上。造成这种现象的主要原因可能是信任类产品的产品特征。信任类产品比体验类产品更难获取信息，买家信息和卖家信息极其不平等，而且对于很多消费者来说，因为缺少相关的专业性知识，即使购买或使用了信任类产品一段时间，也无法准确地判断出该产品或服务的质量及价值。因此，对于低认知需求的消费者来说，花费很多时间精力在这种很难判断质量价值的产品上，是不值得的。所以，选择只按名声就进行选择的消费者多数是认知需求低的。同样，因为现如今搜集信息的便利性，认知需求低和认知需求高的消费者都会在购买前进行一定的信息搜集，在内心对这个产品或服务有一个预期评价。

4.2.6 研究结论与建议

4.2.6.1 研究结论

通过上述的实验调查，可以得到如下发现：

（1）在将性别、年龄、学历分别与认知需求进行交叉列联表分析后，发现性别、年龄、学历三者对认知需求没有较大影响。通过 SPSS 分析后，验证了这一结论。

（2）将月收入状况与认知需求进行交叉列联表分析后，当用平均值法确定认知需求高低界限时，发现两者没有显著关系；当用三分之一法确定认知需求高低时，发现两者有显著关系，说明月收入状况影响认知需求高低。

（3）将认知需求与体验类产品、搜索类产品分别进行交叉列联表分析后，发现认知需求与体验类产品、搜索类产品没有明显的关系。通过 SPSS 分析后，验证了这个结论。

（4）因为现如今搜索信息的渠道多种多样，搜索信息也十分简单，所以，不论是体验类产品、搜索类产品还是信任类产品，消费者都会选择在购买之前进行相关信息的搜索。

（5）通过对数据的观察可以发现：对于体验类和信任类的产品，购买前选择不太搜集信息的大多数是认知需求低的消费者。因为体验类和信任类的产品，消费者没有办法在购买前通过简单的数据来判断其质量好坏，因此，低认知需求的消费者不愿意花费大量的时间来搜集相关信息。

4.2.6.2 建议

调查结果显示，不论哪一类的产品，消费者在购买前都会进行相关信息的搜索，因此，不管哪一个行业都应该让消费者掌握充足的信息。现如今，随着科技的发展，消费者越来越容易搜集想要的相关信息，所以，企业在前期宣传的时候一定要注意从各个渠道发布产品信息，让消费者尽可能多地接收到。针对三类产品不同的特征，下面分类来讨论并给出建议：

（1）针对搜索类产品的营销建议。对于搜索类的产品来说，消费者基本可以在购买前通过搜集到的相关产品信息判断出产品质量的好坏。对于提供搜索类产品或服务的企业来说，最根本的就是自己的产品质量过硬，经得起消费者的使用。另外，在宣传时最重要的是不能发布过于夸张甚至虚假的广告信息。夸张虚假的信息可能一开始会吸引到一部分消费者，但经过消费者在购买前的观察，就很快能识别出广告的真伪，这样一来，不仅不能增加销售量，反而会使消费者认为企业不诚信，更加影响企业形象。

（2）针对体验类产品的营销建议。对于体验类产品来说，消费者没有办法根据前期搜集的信息数据准确地判断出产品或服务的好坏，因此，笔者建议提供体验类产品和服务的企业注意口碑效应。俗话说："好事不出门，坏事传千里"，这就说明了口碑是多么的重要。就像很多淘宝店铺刷好评，也是为了让自己店铺的口碑好一些，以此来吸引消费者。有些体验类产品是可以事先进行体验的，如网络游戏。现在很多大型的网络游戏一开始都有试玩的时间，等消费者在试玩期间觉得这个游戏还不错，想继续玩下去的时候才进行收费项目。对于这样的产品来说，把握住试玩期间就是非常重要的，能不能吸引留住消费者，就看消费者在试玩期间的体验效果了。生产商可以多鼓励玩家发表一些积极的评论，帮助宣传游戏，根据玩家的发言情况给予一定的游戏奖励。还有一种是没有办法事先体验的，如旅游。现在市面上有许许多多大大小小的旅行社，每个旅行社的服务水平也是不一样的，消费者没有办法先去体验然后再选择是否消费，因此，对于这样的企业来说，提高自己的服务质量是最根本的。只要提供的服务非常周到，消费者自然而然就会考虑选择。另外，适当的宣传也是非常有用的，可以在各种渠道上发布自己提供的服务，还可以把之前带团旅行的场景拍成宣传片，让消费者更加直观地感受到服务的好坏。

（3）针对信任类产品的营销建议。对于信任类的产品来说，消费者没有办法在购买前通过搜集到的信息判断该产品的质量好坏，并且即使购买后也很难判断出该产品的价值，因此，对于提供这种产品及服务的企业来说，在宣传期间，不仅要说明自己的产品或服务是什么样子的，最好可以为消费者科普一下行业的基本信息，尽可能地让消费者对这种产品或服务有一定的判断力。顾客一般会对提供这种信息的企业有一定的好感，认为这样的企业有诚信，对待消费者的态度诚恳，这样反而会吸引消费者注意。

第 5 章

顾客选择行为中的期望模式研究

本章的主要目的是通过文献梳理，系统分析期望构造性定义、操作化途径、形成与效应的文献，并集成已有结论与观点，得出顾客期望基础研究有待做出转变的三个突破点：基于属性视角、多维框架、突出认知心理机制。具体包括两部分内容：①构建顾客期望的多维结构，旨在分析期望应用差异的根源所在，澄清各种理论基础与实证依据，建立顾客期望的多维结构框架，为后续研究提供参考。②顾客人口统计信息、服务属性与顾客选择行为。

5.1 构建基于服务属性视角的顾客期望多维结构

5.1.1 属性视角与多维性

本部分在研读前期众多文献的基础上，全面总结与归纳国内外顾客期望主要研究成果，找到顾客期望基础研究有待做出转变的三个关键点：①有待确定基于属性的顾客期望研究视角。任何一项服务都是由众多的服务属性所构成和定义的。不同的服务属性具有不同的服务功能与作用，且在服务过程与结果中存在重要性与可能性的差异。重要性与可能性的高低会分别诱发不同的心理机制，从而产生不同的效应机理，应该突出服务属性在满足顾客需要的重要性与可能性上的差异特征。②关于顾客期望的操作化定义有待进一步明确。应用中学者们对顾客期望构造性定义的理解各有不同，多数学者认为顾客期望是单一维度，且有的学者强调"重要性"主导，有的学者强调"可能性"基调。近年来，开始有学者认为期望是多维度的。然而这种多维度的视角也并未将期望作为独立的构念研究，仍然依附在质量维度框架下。③从认知心理视角更易理解顾客期望的形成与效应。Krishnan 和 Smith（1998）指出期望是认知的成分，反映持有者的信仰或态度的确定或确信程度。期望是顾客头脑中的潜在抽象过程，将对这一过程的理解纳入到认知心理学视角下，能获得更多新知。

5.1.2 构建顾客期望多维结构模型

从服务属性视角出发，明确对于每一属性，顾客都同时存在两个维度视角的期望判断：重要性维度与可能性维度。基于服务要素可能表现水平的期望为可能性期望；基于服务要素满足需要时发挥作用大小的期望为重要性期望。多维期望结构是服务产品的各服务属性在重要性期望与可能性期望构建的二维矩阵中的分布模式，如图 5-1 所示。Yilmaz（2010）从顾客的信息处理模式展开讨论，认为重要性会引起注意的产生，注意会产生对信息的过滤作用。Golder 等指出，顾客经历了公司传递的全部属性，但只感受到其中的一些。Lee 和 Ma 发现，重要性影响顾客在线购物过程中的信息接收与处理。这些结论提示我们，重要性期望会影响到顾客对接触信息的敏感度，高重要性期望分值会唤起顾客对相应属性的注意，而低重要性期望对相应属性信息可能视而不见。即当重要性期望不同时，有可能会引发不同的心理机制，如对信息的筛选作用或屏蔽作用。在期望形成过程中，针对接收的信息相关属性的重要性与可能性不同，会被解读为正向信息或负向信息，从而导致位于不同象限的属性期望呈现不同的变化趋势。在期望形成后的效应过程中不同象限中的属性可能诱发不同的对照效应或同化效应。因为从重要性与可能性两维度划分的四组期望在顾客选择与评价行为中具有不同的效应，从这个角度对划分维度进行期望基础研究，有利于发现已有文献期望应用差异存在的原因。

从图 5-1 可以看出，基于属性视角的顾客期望多维结构与以往研究的不同之处主要体现在如下三个方面：①基于属性视角而非整体期望视角或依附于质量框架的期望视角。以往研究之所以更多地采用单维期望进行测量应用正是由于对这一视角未做出明确转换。Thong、Hong 和 Tam 进一步

第 5 章 顾客选择行为中的期望模式研究

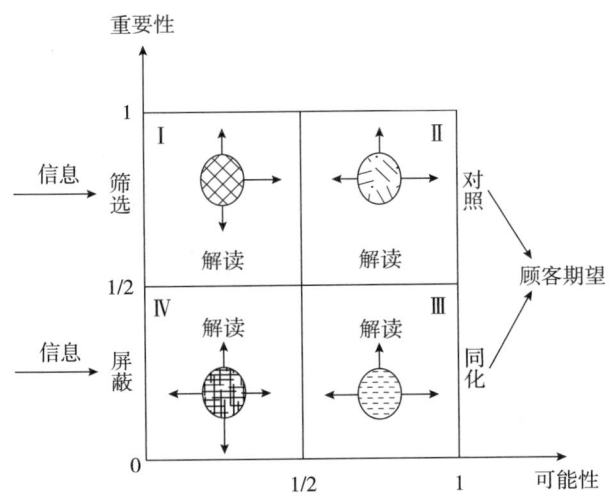

图 5-1 基于属性视角的顾客期望多维结构

明确，期望是顾客对一种产品或服务所持有的属性、特征的信念总和。顾客期望形成与效应应从属性视角入手，汇总分析整体期望形成与效应。这一视角在后续的研究中不断得到证明，基于这些研究成果和实际观察、实验，认为顾客期望的形成始于属性的判断。②属性的重要性与可能性共同决定顾客的期望分值，而非重要性或可能性单一维度所能代表。已有文献关于单一维度期望应用缺少相应的理论选择指导，且依据单维顾客期望做出的预测效度较低。③突出心理认知视角，重视对内在过程的分析。期望作为一种信仰态度，是顾客认知过程的结果。顾客接触到的信息相关到不同的服务属性，由于服务属性在重要性与可能性上的差别，从而信息被不同程度地选择与解读。对这些内在过程的分析可以更好地理解顾客期望对顾客行为的效应。

综上，通过对顾客期望的基础研究发现，单维视角的顾客期望不能全面反映完整期望构念的评分途径。顾客期望的构造性定义——"顾客期望反映顾客对自己的需要如何被满足及被满足到何种程度的一种设想"表明顾客期望具有多维的本质特征，顾客期望评分是由多种评分标准合力作用的结果。因此，期望的可操作化定义应具有多维结构。从顾客期望的影响因素、形成及变更分析，得到顾客期望是顾客的一种心理认知活动，应将这一活动纳入到认知心理学视角下深入分析信息对顾客期望的影响机理。

从顾客期望效应分析，得出对顾客期望的测量应从属性视角出发，分析基于属性的顾客期望多维结构在顾客行为中的作用机理。针对错综复杂的研究背景及不一致的研究结论，分析应用差异存在根源的三个关键点，并在此基础上建立多期望理论框架，为后续研究奠定基础。

5.2 顾客人口统计信息、服务属性与顾客选择行为

5.2.1 研究问题

顾客在进行服务消费前，需要从众多的服务企业中选择一家。Thong、Hong 和 Tam（2006）进一步明确，期望是顾客对一种产品/服务所持有的属性、特征的信念总和。基于此，本研究从服务属性视角出发，明确对于每一属性，顾客都存在两个期望的判断：重要性期望与可能性期望。基于服务要素可能表现水平的期望为可能性期望；基于服务要素满足需要时发挥作用大小的期望为重要性期望。期望模式是指服务产品的各服务属性在重要性期望与可能性期望构建的二维矩阵中的分布模式，如图 5-2 所示。

问题描述：将服务企业的产品以属性的方式描绘在二维期望矩阵中。为简化研究问题，将分布相同的属性点略去，保留分布不同的属性。A、B 两家服务企业在 10 个服务属性上的顾客期望模式如图 5-2 所示。其中，A 企业的服务特征为：在较少的（4个）重要的属性上表现一般，即重要性期望高，可能性期望低；在较多的（6个）一般的属性上表现较好，即重要性期望低，可能性期望高。B 企业的服务特征为：在较少的（4个）重要的属性上表现较好，即重要性期望高，可能性期望高；在较多的（6个）一般的属性上表现一般，即重要性期望低，可能性期望低。基于顾客选择理论中的期望效用最大化原则，当两种服务所提供的效用相同时，图 5-2 就成为一种典型需要思考的模式。在这样的期望模式下，顾客做出的选择行为是具有随机性，还是遵循其他的原则，本部分研究内容尝试从期望模式视角寻求答案。

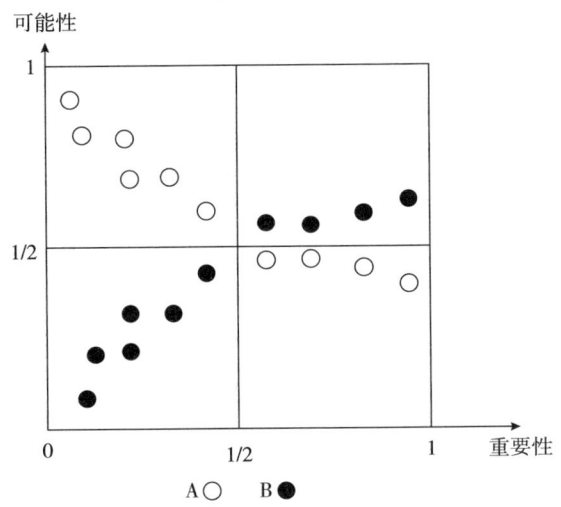

图 5-2 顾客选择行为中的期望模式检验

已有文献对顾客选择行为研究的两个重要前提假设：一种前提假设是一项服务的基础需求对顾客是重要的，附加需求是一般的（Simonson 等，2013）；另一种是如果顾客有充足的时间考虑，顾客将是理性的，其所做出的选择将是价值最大的（Poynor 等，2010）。Bos（2011）研究认为，基础需求很主要，满足基础需求的属性业绩表现会决定顾客选择。即面对图 5-2 的模式，顾客会倾向于选择 B 企业。而通过实际调查发现，个体在基本需求重要性的判断上展现出一致的趋势，对附加属性的重要性判断是有较大差异的。服务企业包含很多高度个性化的体验属性，当基本属性业绩表现被放在次要地位时，顾客就会追求个性化需求，而倾向于选择 A 企业。于是，在顾客选择行为中存在两类典型选择行为：以更好地满足需求为主；以追求特色、彰显个性为主。

基于以上分析，本章内容重点研究如下：

在不同的服务产品类型下，顾客选择行为中的期望模式特征。

5.2.2 研究设计

选择餐饮行业和家居行业两个方面为研究对象，分析顾客选择中的期望模式。首先设计预调研问卷，问卷分别列明餐饮行业和家居行业的 10 个属性，根据预调研问卷的结果，分别找到两个行业的重要属性和附属属性。根据所选的四个重要属性和次要属性设计调查问卷，分别针对餐饮和家居行业设计两种情景：

一种情景主要反映餐饮企业在重要属性（餐厅A）表现特别突出，在附属属性（餐厅B）表现一般，即想象如下情形：逛街时您想要就餐，在您面前有两家餐厅可以选择。查找多种团购软件发现：A餐厅菜品齐全卫生、菜肴美味可口、服务热情周到、环境宽敞明亮，但是A餐厅价格略高且无优惠活动；B餐厅适合个人就餐，自助选购食材，有多种优惠套餐，但是存在菜品口味一般的现象，然而B餐厅价格偏低。

另一种情景主要反映家居企业在附属属性表现特别突出（家居市场A），在重要属性（家居市场B）表现一般，即想象如下情形：您新购置了一处房产，想要选购家具，目前有两家家居市场可供选择。A家居市场可以体验，无推销人员，自助式选购，购买者自己进行安装，价格较为低廉。选购过程中，家居市场提供餐饮服务以及儿童玩耍区域。但是，部分家具存在质量问题。B家居市场向购买者呈现出设计格局。推销人员热情主动，会根据您的个人喜好为您搭配相应的家具，购买者无须自行安装，家具价格合理且质量较好。但是，购买者不能体验且没有休息区域。

预调研试发放问卷100份，有效问卷100份。正式调研除了在餐厅、家居市场周边发放调查问卷外，还采取了网上填写等方式。问卷分两个部分：第一部分主要是对用户人口特征统计的描述，包括性别、年龄、婚育状况、每月生活费等；第二部分主要是描述两个情景（实验设计与调查问卷详见附录Ⅱ、附录Ⅲ）。

5.2.3 数据分析

根据预调查问卷内容，我们发现对于餐厅来说，菜品卫生齐全、菜肴美味可口以及服务热情周到为重要属性，价格适中以及不定期推出优惠活动为附属属性。对于家居市场来说，家具价格、质量以及呈现设计格局为重要属性，可以体验以及提供餐饮服务和儿童玩耍区域为附属属性。

正式调研发放问卷320份，实际回收有效问卷320份。320份问卷中，男性有90人，女性有230人，分别占有效样本数的28.13%、71.88%；年龄大多集中在20~30岁；每月生活费集中在1000~2000元；53.13%的消费者偶尔关注购物的外部环境，43.75%的消费者经常关注购物的外部环境。从调查结果来看，消费环境会在很大程度上影响消费者的选择。

5.2.3.1 性别与顾客选择行为的分析

（1）性别与餐饮行业顾客选择行为的分析如图5-3所示。

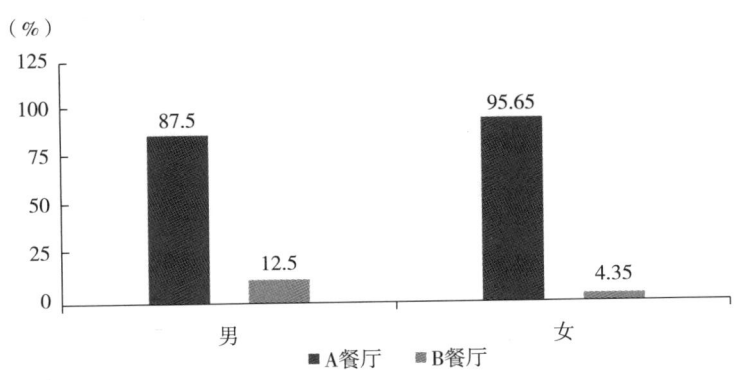

图5-3 餐饮行业顾客选择行为中的性别分布

从图5-3我们可以看出：对于餐饮行业来说，性别与消费者选择行为没有较大的关联。87.5%的男性选择重要属性突出的A餐厅，12.5%的男性选择附属属性突出的B餐厅；95.65%的女性选择A餐厅，4.35%的女性选择B餐厅。不论男女，在选择餐厅时，都比较看重重要属性，较少在意附属属性。因此，餐饮行业要注重发展和推广产品的重要属性（如菜品卫生、美味可口），必要时强调附属属性（如不定期推出优惠活动）以便招揽顾客。

（2）性别与家居行业顾客选择行为的分析如图5-4所示。

从图5-4我们可以看到：对于家居行业来说，性别与消费者选择行为有较大的关联。与女性相比，男性更偏向于选择附属属性突出的A家居市场。对于男性来说，可以体验并提供休息区域更为重要；而女性更加看重质量与整体设计格局以及商家能提供安装服务。因此，家居市场在接待男性消费者时，应强调附属属性，提供附加服务，例如可以体验；在接待女性消费者时，应强调重要属性，例如产品质量和可以提供安装服务。

5.2.3.2 年龄与顾客选择行为的分析

（1）年龄与餐饮行业顾客选择行为的分析如图5-5所示。

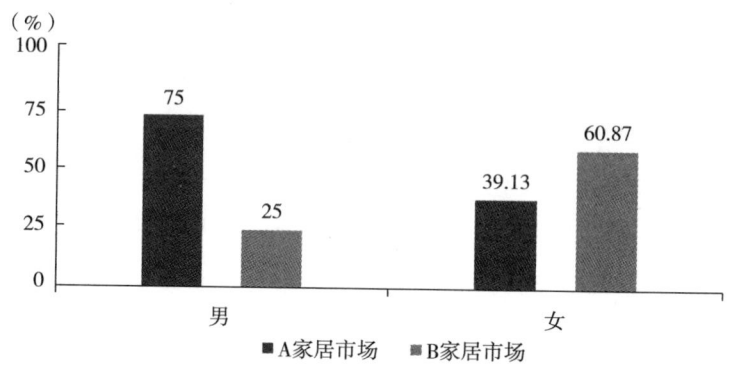

图 5-4　家居行业顾客选择中的性别分布

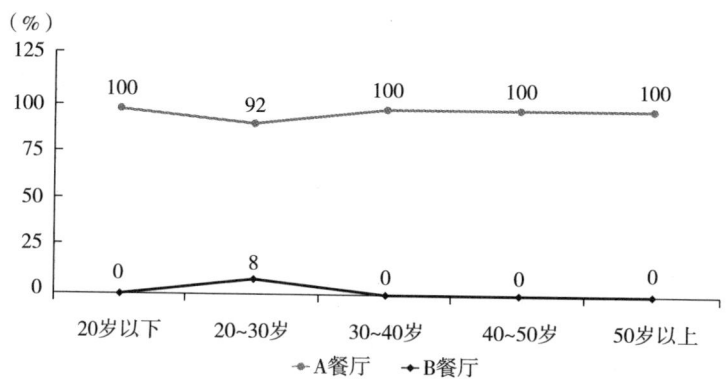

图 5-5　餐饮行业年龄与顾客选择行为分析

从图 5-5 我们可以看到：对于餐饮行业，年龄与消费者选择行为关联较小。除了 20~30 岁年龄区间的消费者，其他年龄区间的消费者均选择重要属性突出的 A 餐厅。由此可见，对于餐厅来说，重要属性要远远重要于附属属性。因此，餐厅要着重发展产品的重要属性。

（2）年龄与家居行业顾客选择行为的分析如图 5-6 所示。

从图 5-6 我们可以看到：对于家居行业，年龄与消费者选择行为没有较大的关联。除了 20~30 岁年龄区间的消费者，其他年龄区间的消费者均选择重要属性突出的 B 家居市场；而针对 20~30 岁年龄区间的消费者，选择附属属性突出的 A 家居市场的概率要略高于选择重要属性突出的 B 家居市场的概率。因此，家居市场在面对 20 岁以下及 30 岁以上的消费者时，

第 5 章 顾客选择行为中的期望模式研究

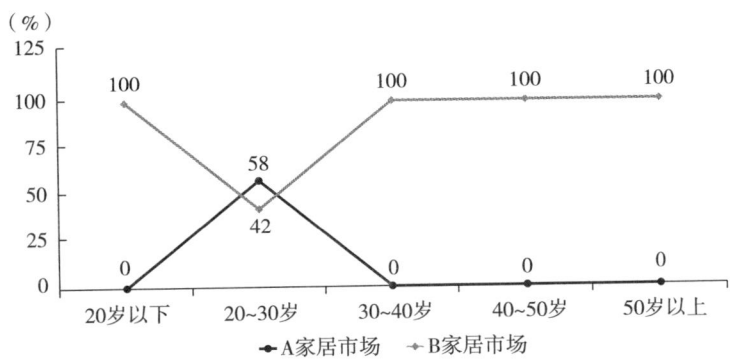

图 5-6 家居行业年龄与顾客选择行为分析

应强调产品的重要属性；而面对 20~30 岁年龄的消费者时，应同时兼顾产品的重要属性及附属属性。

5.2.3.3 婚育状况与顾客选择行为的分析

（1）婚育状况与餐饮行业顾客选择行为的分析如图 5-7 所示。

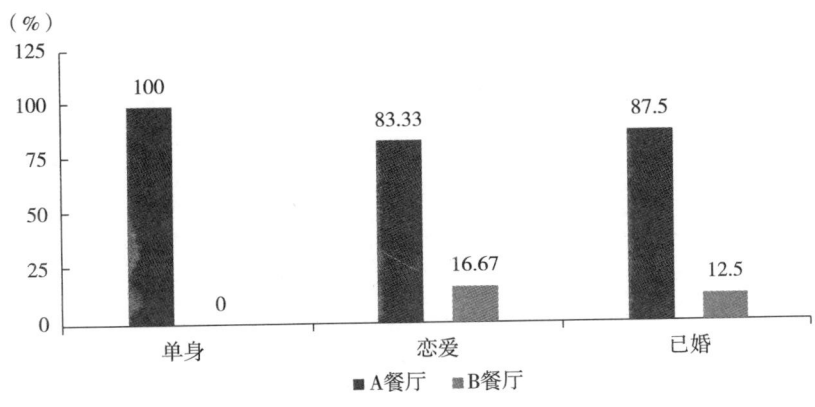

图 5-7 餐饮行业婚育状况与顾客选择行为分析

从图 5-7 我们可以看到：对于餐饮行业来说，婚育状况与消费者选择行为关联较小。消费者处于单身状态的，选择 A 餐厅的概率为 100%；处于恋爱状态的 83.33% 选择 A 餐厅；已婚的消费者选择 A 餐厅的概率为 87.5%。从整体看，消费者更加注重重要属性；而恋爱中及已婚的消费者，有较小部分人群会因为价格等原因关注附属属性。

（2）婚育状况与家居行业顾客选择行为的分析如图 5-8 所示。

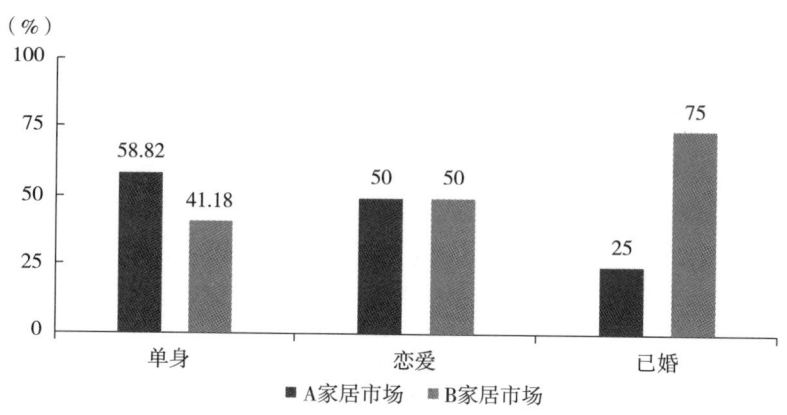

图 5-8　家居行业婚育状况与顾客选择行为分析

从图 5-8 我们可以看到：对于家居行业来说，婚育状况对消费者选择行为有较大影响。处于单身状态的消费者偏向于选择附属属性突出的 A 家居市场；处于恋爱状态的消费者选择 A、B 家居市场的概率相同；处于已婚状态的消费者更加喜欢重要属性突出的 B 家居市场。因此，单身消费者选购家具时，销售人员应向消费者提供体验服务及休息区域等附属属性；恋爱中的消费者选购家具时，销售人员应同时强调重要属性及附属属性；已婚消费者选购家具时，销售人员应强调产品的质量及设计格局等重要属性。

5.2.3.4　每月生活费与顾客选择行为的分析

（1）每月生活费与餐饮行业顾客选择行为的分析如图 5-9 所示。

从图 5-9 我们可以看到：对于餐饮行业来说，月生活费对于消费者选择行为有一定程度的影响。月生活费 1000 元以下的消费者选择 A、B 餐厅的概率相同；月生活费为 2000~3000 元的消费者，较小部分选择附属属性突出的 B 餐厅；月生活费为 1000~2000 元和 3000 元以上的消费者全部选择重要属性突出的 A 餐厅。

（2）每月生活费与家居行业顾客选择行为的分析如图 5-10 所示。

从图 5-10 我们可以看到：对于家居行业来说，每月生活费对消费者选择行为有较大程度的影响。月生活费 1000 元以下的消费者，100%选择附属属性突出的 A 家居市场；月生活费 1000~2000 元的消费者，会略偏向

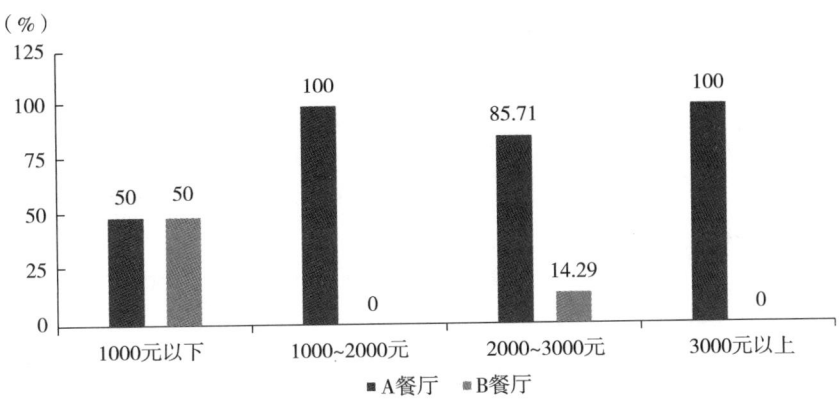

图 5-9　餐饮行业月生活费与顾客选择行为分析

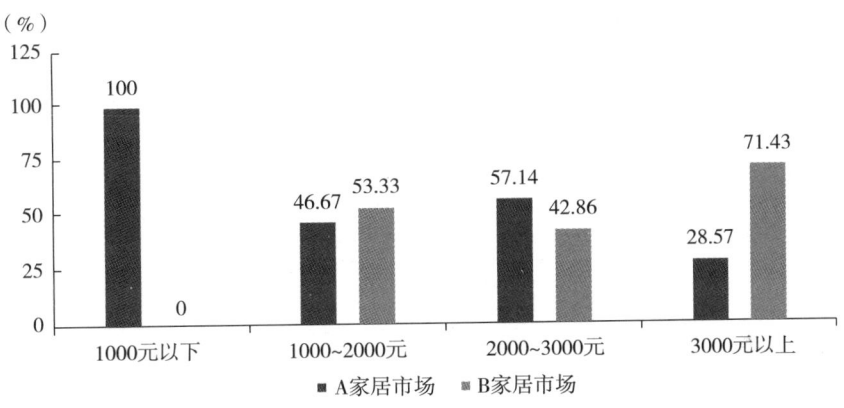

图 5-10　家居行业月生活费与顾客选择行为分析

于选择重要属性突出的 B 家居市场；月生活费 2000~3000 元的消费者，会略偏向于选择附属属性突出的 A 家居市场；月生活费 3000 元以上的消费者，绝大部分看重重要属性突出的 B 家居市场。

5.2.4　研究结论及建议

5.2.4.1　研究结论

根据上述分析，我们可以看到：对于餐饮行业来说，消费者的性别、年龄和婚育状况与消费者选择行为关联很小。每月生活费对于消费者选择行为有一定程度的影响：月生活费 1000 元以下的消费者选择 A、B 餐厅的概率相同，月生活费为 2000~3000 元的消费者，较小部分选择附属属性突出的 B 餐厅，月生活费为 1000~2000 元和 3000 元以上的消费者全部选择重要属性突出的 A 餐厅。但从整体来看，不论消费者的个性特征如何，消费者选择重要属性突出的 A 餐厅的概率要远远大于选择附属属性突出的 B 餐厅的概率。

对于家居行业来说，性别对于消费者选择行为有较大程度的影响：男性侧重于选择附属属性突出的 A 家居市场，女性偏向于选择重要属性突出的 B 家居市场。年龄与消费者选择行为关联较小。婚育状况对消费者选择行为影响较大：处于单身状态的消费者偏向于选择附属属性突出的 A 家居市场，处于恋爱状态的消费者选择 A、B 家居市场的概率相同，处于已婚状态的消费者喜欢重要属性突出的 B 家居市场。每月生活费与消费者选择行为有较强的关联：每月生活费为 1000 元以下和 2000~3000 元的消费者倾向于选择附属属性突出的 A 家居市场，每月生活费为 1000~2000 元和 3000 元以上的消费者喜欢重要属性突出的 B 家居市场。

5.2.4.2 建议

对于餐饮行业来说，消费者看重重要属性，偏向于选择重要属性突出的餐厅。因此，餐饮行业应加强发展及监督重要属性，如菜品卫生、菜肴美味可口、服务热情周到。在消费者需要做出选择之际，向消费者首先介绍餐厅的重要属性，强调重要属性突出的部分，必要时提及部分附属属性（如价格和优惠活动）。

对于家居行业来说，相关销售人员在向消费者介绍有关产品之前，应该通过一定渠道了解消费者的基本信息，根据消费者的基本情况，判断消费者是倾向于关注重要属性还是倾向于关注附属属性，以此来决定推销何种产品，或者据此确定在推销某种产品的过程中，要更偏向于强调重要属性还是强调附属属性。

根据简易可伸缩性模型（Simple Scalability Models）和随机效用模型（Random Utility Models），消费者在做决策的过程中，会看重选项的实用价值以及实用价值附加的潜在功能。因此，销售人员在介绍产品时，应强调产品的实用价值（如介绍家具时强调耐用性，推销菜品时强调美味程度），当消费者了解产品的全部实用价值后，再向其讲解产品附加的潜在功能。

根据决策领域模型（Decision Field Theory），消费者在不同的时刻关注点不尽相同，可能在某一瞬间在意重要属性，下一瞬间在意附属属性，因此，销售人员在介绍产品的过程中，应时刻关注消费者言语、行为以及关注点的变化，据此判断消费者每一时段的心理活动，根据消费者心理的变化，决定自己强调重要属性还是附属属性。

同时，通过调查发现，消费者对产品的态度并非单纯的喜欢或者讨厌，往往对一个产品既认可一方面，又讨厌另一方面，或者觉得产品某些属性比较好，另一些属性比较差。消费者容易对产品产生矛盾的心理，想买但又担心产品的不足之处。因此，企业在与消费者沟通的过程中要学会消除消费者的矛盾心理，降低矛盾性，增强消费者对产品的积极态度和购物意向。

第6章

企业信息呈现方式、顾客认知需求与顾客期望

本章的主要目的是探索企业信息呈现方式对顾客期望的影响。有效的企业信息呈现方式可以促进顾客对企业产品认知的形成。首先，基于企业信息呈现方式的三要素——信息载荷量、单双面信息和图片信息特征，从属性视角出发，同时考虑反映顾客认知结果的重要性期望与可能性期望，构建认知需求调节下的企业信息呈现方式对顾客期望影响的关系模型。其次，选择餐饮网络销售平台作为研究背景，应用双因素方差分析对研究假设进行检验。最后，应用正交实验给出三类信息呈现要素对顾客期望影响的最优组合，旨在帮助企业理解信息呈现对顾客期望的影响机理，实现有效引导顾客期望、促进顾客选择的营销目的。

6.1 问题的提出

企业信息发布是将企业的产品信息以目标消费者所能接受的语言、符号表现出来，并借助一定的表现形式，使消费者对产品形成合理期望。企业发布的信息不同于其他来源信息。也许来自顾客的信息更客观，来自第三方的信息更可信。但无论其他来源的信息怎样，在顾客做出最终的选择前，都希望获得企业发布的官方消息。通过这一来源信息，顾客仿佛实地参观考察了企业。顾客信息具有客观性、免责性。而企业发布的信息却不能随意，否则易被顾客追责和索赔。

企业信息基于产品属性展开，产品属性也是顾客认知、评价与选择时

使用的基本元素。顾客在做购后满意度评价时往往不是对产品整体进行评估，而是评价自己所关注的属性的表现。决定顾客选择的属性因人而异，但这些属性有一个共同的特征：属性重要性期望高，属性可能性期望高。这也是企业对外发布信息时，应力求引导顾客认知形成的结果。重要性期望与可能性期望同为顾客期望的两个维度，基于属性的顾客期望是消费者选择的决定因素。

企业发布的信息应带给顾客一种怎样的认知、如何创造出这样的认知结果是本研究关注的核心问题。企业发布信息包括信息内容与信息数量两方面考虑。具体有信息数量的多少、文字内容的特征、图片信息的特征。虽然已有文献对外界信息与顾客认知间关系进行了诸多探索，然而关于信息呈现方式对顾客期望的作用机理仍有许多问题未得到回答。如：①在高度信息化环境下，极低的搜寻成本和丰富的信息量使消费者的注意力资源越来越稀缺。企业展示给消费者的信息数量应致力于提供丰富信息，还是应考虑顾客认知负担而节省笔墨？②如果企业主动将产品的劣势属性作为一种负面信息以温馨提示的方式呈现在信息介绍中，如停车位紧张、消费等位等状况是会提前获得顾客的宽容还是会阻止顾客的到来？③由于网络信息通常伴随着触觉、嗅觉和味觉等感觉体验的缺失，图片的使用在一定程度上可弥补网络信息感觉品鉴缺失的不足。然而只有产品信息的图片带给顾客的常常是联想受限的结果。是否会有其他特征的图片信息能带给顾客不一样的期望？④企业的信息呈现同时涉及多个要素，这些要素的组合对顾客期望的影响是友好，还是会相互抵消？是否存在最优组合？⑤企业呈现信息对顾客期望总会因为顾客认知特征与信息加工方式的不同而产生不同的影响，如何影响？有效的企业信息呈现方式可以让顾客对企业产品形成合理期望，增强消费意愿，实现精准营销。

6.2 研究模型

本研究理论模型如图 6-1 所示。

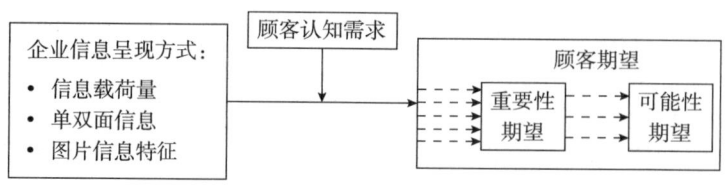

图 6-1 研究模型

6.3 研究假设

6.3.1 信息载荷量对顾客期望的影响

本研究定义信息载荷量为企业网站发布的信息数量的多少。企业发布的信息会消耗顾客认知资源，也可以弥补顾客经验的不足，让顾客模糊的期望逐渐变得清晰而准确。有的学者认为企业在发布信息时内容应尽量丰富。如果企业提供的信息不足，顾客的信息来源会更多地依赖于以往的经验和非企业来源消息，这种非正式渠道取得的信息会导致顾客对企业产品或服务产生偏见。企业发布信息是顾客了解产品和服务的重要来源，因信息量过少而产生的信息不完整问题会给顾客的期望带来负面影响。也有学者认为，人们的信息处理能力是有限的，当信息量开始增加时，决策者会增加其对信息的处理；但当信息量持续增加到超过了决策者的处理能力时，决策者对信息的处理反而会减少。Jacoby、Donald 和 Carol（1974）通过对超级市场中的信息量的研究发现，随着信息量的增加，消费者决策时间会延长，对决策的满意度及自信心会增加。当信息量持续增加到一定程度后，决策品质则开始下降。

企业提供丰富信息，特别是有关企业的历史由来、文化传承及产品特色等方面，让顾客通过信息内容更多地了解企业，而不是外界片面的评价与讹传。丰富的信息可以给顾客信任感，让顾客联想到企业在服务上的用心、努力和公开。这些印象会让顾客不自觉地映射为到店消费时的快速、高效的情景,从而形成高期望。在高信息载荷量下,由于信息充足、丰富,对于顾客关注的任何一个属性都可以从企业方面得到解答。据此提出假设:

H_{1a}:与企业提供较少信息数量相比,企业提供的信息数量越多,顾客可能性期望越高。

H_{1b}:与企业提供较少信息数量相比,企业提供的信息数量越多,顾客重要性期望越高。

6.3.2 单双面信息对顾客期望的影响

本研究将单面信息定义为企业呈现的全部是正面信息。如果企业在呈现正面信息的同时还将企业产品或服务的不足之处公之于众,此时企业提供的就是双面信息。

Levin 和 Gaeth(1988)认为正面积极的信息框架能激发顾客产生更好的行为结果。即与双面信息相比,当企业提供单面信息时,顾客购买意愿更强。然而,在传统的单面信息越来越受到顾客质疑的背景下,企业采用双面信息策略可以有效地增加顾客对企业的可信度感知。Ahluwalia、Bumkrant 和 Unnava(2000)研究发现,顾客通常会认为负面信息更有价值,在购买决策的过程当中会更多地参考负面信息的影响。Phillips、Barnes、Zigan 和 Schegg(2017)也认为顾客更容易接受负面网络评论,即负面消极的信息框架在说服顾客方面能产生更有效的结果。

综上可知,负面信息对顾客的感知有用性较高,但对企业销售存在负向影响。依据最优唤醒理论,企业呈现给顾客的往往是单面信息,所以双面信息的呈现适度偏离了顾客的适应水平,会令顾客产生新奇感而更加关注信息。然而,这种双面信息毕竟包含负面属性,使顾客加大风险感知,从而降低期望。据此提出假设:

H_{2a}:与提供单面信息相比,企业提供双面信息会降低顾客可能性期望。

H_{2b}:与提供单面信息相比,企业提供双面信息会降低顾客重要性期望。

6.3.3 图片信息特征对顾客期望的影响

依据图片展示信息内容的不同将图片分为产品信息图片和消费信息图片。产品信息图片强调卖家思维，它清晰展示了产品，能够让顾客明确产品是什么，并对产品做出准确的判断。除了产品信息图片，还有一类图片同时包含产品与消费者的信息，我们称之为消费信息图片。Mitra 和 Fay（2010）指出服务环境中，顾客获得的来源于其他顾客现实消费行为信息的影响，超过从网络资源所获得的其他顾客对消费经历评论的影响。消费信息强调买家思维，它提供了产品使用的情景，反映产品的受欢迎程度及被使用的情况。这种暗示功能更能刺激人们的购买想象。相比产品信息图片包含顾客消费信息的图片更容易拉近顾客与产品的选择距离。Poor、Duhachek 和 Krishnan（2013）在研究中发现，加入对不健康食品放纵消费体验的消费信息似乎充当了一种社会证明作用，表明对不健康食品的可接受性与适当性。消费信息引发联想，出现锚定调整效应，从而改变顾客对行为的认知与接受标准。据此判断，包含顾客消费信息的图片更有利于提升顾客期望。据此提出假设：

H_{3a}：与呈现产品信息的图片相比，呈现消费信息的图片可以提高顾客可能性期望。

H_{3b}：与呈现产品信息的图片相比，呈现消费信息的图片可以提高顾客重要性期望。

6.3.4 认知需求对企业信息呈现方式与顾客期望关系的调节作用

认知心理学认为，人们加工处理信息的能力是有限的。认知需求与个体的很多特性呈负相关，如对问题的回避和焦虑。信息载荷量大与高认知需求特征实现了匹配，使信息加工的过程流畅而轻松。认知需求高的顾客对企业给出的信息进行认真的分析，对产品形成更好的理解和期望。认知需求低的顾客对信息量的变化敏感，对于超出他们认知负荷的信息载荷量，他们可能会出现焦虑、烦躁等情绪。依据精细加工可能性模型，认知需求不同的个体在信息加工过程中受信息载荷量这一外围线索的影响不同。基于此提出假设：

H_{4a}：企业提供的信息数量的多少对顾客重要性期望与可能性期望的影响受顾客认知需求调节。

顾客对信息效价的关注与其认知程度有关。信息的认知加工过程中，顾客对负面信息的处理受其认知需求的影响。双面信息会耗用顾客较多认知资源，双面信息比单面信息加工更困难。高认知需求者会积极主动地进行信息加工处理，喜欢从处理复杂问题的经验中获得信息。依据最优唤醒理论，认知需求高的顾客会积极分析信息内容，并与已有信息整合，期望进入锚定调整过程。认知需求低的顾客，更多的是回避对问题的思考，总是希望付出更少的认知资源来获取信息内容，信息加工时表现出惰性。与行为上的惰性一样，个体在对事物的认知过程中也存在惰性现象。基于此提出假设：

H_{4b}：企业呈现的单双面信息对顾客重要性期望与可能性期望的影响受顾客认知需求调节。

从个体对信息的加工角度来看，消费图片作为商品的消费信息直接展现，可以增强个体对信息的理解和记忆，更有利于帮助人们了解商品并做出购买决定。对于低认知需求者，产品信息加工难度大，需先后经历想象与匹配两个环节。消费信息只是一个匹配的过程。认知需求高的个体更偏好清晰简洁的产品信息所引发的认知思考。认知需求低的顾客偏好消费信息引发的情感体验。基于此，认为图片信息特征对顾客期望的影响受认知需求调节，提出假设：

H_{4c}：企业呈现的图片信息特征对顾客重要性期望与可能性期望的影响受顾客认知需求调节。

6.3.5 属性重要性期望对属性相关信息接收数量的影响

属性的重要性期望影响顾客的属性涉入度。涉入度影响顾客对接收信息所投入的认知资源的多少。Meyer-Levy 和 Maheswaran（1991）运用涉入理论，解释了顾客处理信息过程的差异。他们研究发现，当顾客的涉入度较高时，与属性相关的信息能够得到更详细的处理，如记忆、回忆和表述等。有限注意力模型指出，由于注意会消耗认知资源，人的注意力在任何时候都是有限的。对于不同的事物，个体总是有选择性地付出认知资源，并在注意力强度上存在明显差异。属性重要性期望高低不同会带来顾客的涉入度与注意力分配上的差异，从而对重要性不同的属性的相关信息关注不同。据此提出假设：

H_5：属性重要性期望正向影响顾客接收的属性相关信息的数量。

6.4 实验设计与数据收集

6.4.1 实验一：认知需求、信息载荷量与顾客期望

整个研究的期望都是基于属性视角，而非整体期望。实验一选择餐饮服务中的营养属性进行设计。针对餐饮的营养属性来测量信息载荷量对顾客期望的影响，实验材料中载荷量的差别基于营养属性设计。

实验对象选择某家餐饮企业，为了排除品牌的影响，我们将该企业命名为 A。关于这家企业的信息都是事先从餐饮网站上收集的，然后进行适当的加工修改。信息载荷量少的描述为："本店环境优雅，菜品众多。除了一般的传统炒菜之外，蒸菜是店内一大特色。菜品口感鲜美，口味独特，令您感受舌尖上的雀跃。好吃不贵，绝对的经济实惠。"信息载荷量多的设计中增加了对蒸菜营养有利于消费者保健养生等10点描述。通过对预调研获得的数据做独立样本 t 检验，发现与载荷量少的信息相比，被试认为载荷量多的信息中对营养健康属性的描述足够多（$t = 4.159$，$p = 0.000 < 0.050$），由此可见对信息载荷量得到了成功操控。两个关于就餐营养的顾客期望问题为"外出就餐营养健康对我来讲非常重要"与"我认为这家餐厅能提供营养健康的餐饮"。最后，请所有的被试回忆阅读材料信息并写下蒸菜有利于消费者保健养生的10个方面。此处被试回忆结果的数量用于分析重要性期望高低不同时，被试回忆的数量是否有显著差异，从而检验重要性期望在顾客认知活动中是否扮演信息筛选的角色。

6.4.2 实验二：认知需求、单双面信息与顾客期望

参照 Crowley 和 Hoyer（1994）的建议，双面信息的结构安排应遵循三个原则：①负面属性的重要程度相对较低；②负面属性位于广告所有属性描述的中间位置；③负面信息占全部信息比例不超过40%。

通过预调研，请被试者对餐饮价格、口味、菜品种类、分量、就餐环境、服务态度、服务等待时间、餐品营养、投诉处理和就餐是否方便10项服务属性的重要性程度进行打分。被试普遍认为餐饮价格、分量和就餐环境等比较重要，而菜品种类和投诉处理服务相对不太重要。于是选取这两项不太重要的属性作为负面信息呈现。结合上述三个原则，本研究对双面信息呈现的具体描述为："本店装修时尚、干净整洁、环境优雅；菜肴分量充足；坦率地讲，本店菜品种类有限；就餐时若有问题您可以找服务员处理，暂时还不支持电话投诉服务；来过的顾客都反映好吃不贵，绝对的经济实惠。"单面信息广告中对菜品种类和投诉处理服务的描述为："目前有丰富的菜品种类可供选择；若对我们的服务有任何不满意，您可以拨打投诉电话，及时处理您的问题。"其余属性描述与双面信息完全相同。因变量为针对混合在整体描述中的两个负面属性——"菜品种类"和"投诉处理"的重要性期望与可能性期望，请被试者进行评分。

6.4.3 实验三：认知需求、图片信息特征与顾客期望

实验三针对餐饮的营养健康属性来测量图片信息特征对顾客期望的影响。对图片信息特征的操控，用只有产品信息的图片与同时包含产品与顾客信息的图片作为不同的测量变量。实验材料对象仍然选择 A 企业。在网上收集了大量与 A 企业有关的图片并进行整合，最后整理出两组实验图片，每组五张，分别是只展示菜肴产品的图片和包含菜肴产品与顾客的消费图片，并对实验所用的图片在大小、清晰度等方面进行了处理，以保证其一致性。实验时分别向被试展示产品信息图片与消费信息图片，然后请被试回答针对餐饮营养健康对顾客期望的影响题项。同时，在问卷最后，再次请所有被试回忆图片中的信息并尽可能详细地用语言表述图片中的内容。被试回忆内容的详细程度也将用于检验重要性期望高低不同时，被试

回忆的数量是否有显著差异。

6.4.4 调查问卷与数据收集

本研究通过问卷调查法来收集数据,为确保问卷的可靠性与有效性,正式问卷发放前进行预调研,检验实验材料的内容、形式和语言表达、语义是否合理。正式调查问卷包括两部分:第一部分是认知需求量表,测量被试的认知需求水平高低;第二部分则是对企业信息呈现方式操控的三个实验。(调查问卷见附录Ⅳ、附录Ⅴ)

样本选择外出就餐频繁、餐饮 App 使用规模较大的大学生群体。正式调研对象来自沈阳某综合性大学的本科生和研究生。实验邀请 133 名在校大学生进行认知需求量表的填答。统计认知需求得分,按照上下各 33% 的标准将参与者分为低分组和高分组。实验在两个机房进行,每个小组均在没有时间限制的情况下浏览实验材料,并回答相应问题。

6.5 数据分析与结果讨论

6.5.1 实验一相关假设检验

根据实验一所获数据,以顾客对企业提供营养健康餐饮的期望为因变量,进行认知需求水平(高 vs. 低)与信息载荷量(多 vs. 少)的 2×2 双因素方差分析。结果显示,信息载荷量多少对个体外出就餐营养健康的可能性期望影响显著($F=30.706$,$p=0.000<0.050$),对重要性期望影响不显著($F=3.099$,$p=0.083>0.050$),H_{1a} 得到验证,H_{1b} 未得到验证。认知需求对信息载荷量与顾客可能性期望关系的调节作用显著($F=6.130$,$p=0.016<0.050$);对信息载荷量与重要性期望关系的调节作用不显著($F=0.007$,$p=0.933>0.050$),调节作用具体形态如图 6-2 所示。对于所有被试,载荷量较多的信息可以显著提高其可能性期望,且低认知需求者可能性期望的变化幅度明显大于高认知需求者。即相对于高认知需求者,信息

第6章 企业信息呈现方式、顾客认知需求与顾客期望

载荷量对低认知需求顾客可能性期望的影响更加显著。H_{4a}得到验证。

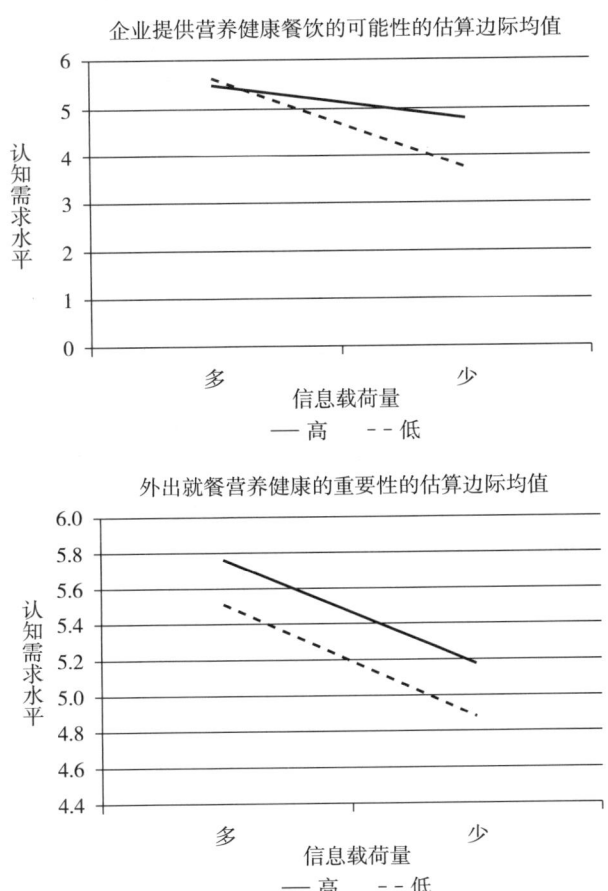

图6-2 认知需求对信息载荷量与顾客期望关系的调节作用

关于重要性期望的信息筛选作用检验,首先为排除认知需求高低对信息筛选可能造成的影响,独立样本t检验依据被试重要性期望分值的高低进行分组,分别在高低认知需求组内完成。即在高认知需求组内,按被试重要性期望分值高低分成两组,在低认知需求组按同样方法分组。对被试的回忆信息数目进行独立样本t检验,结果显著($t=3.788$,$p=0.000<0.050$),表明重要性期望不同被试回忆的数量有明显差异,假设H_5成立。

根据实验一所获数据,以企业提供营养健康餐饮的可能性为因变量,

进行认知需求水平（高 vs. 低）与信息载荷量（多 vs. 少）的 2×2 双因素方差分析。结果如表 6-1 所示，信息载荷量多少对企业提供营养健康餐饮的可能性主影响效应显著（F=30.706，p=0.000<0.001），即当信息载荷量相对较多时，顾客可能性期望会提高，H_{1b} 得到验证。认知需求与信息载荷量交互作用也显著（F=6.130，p=0.016<0.05），交互作用具体形态如图 6-2 所示。对低认知需求者而言，载荷量较多的信息可以提高顾客可能性期望，对高认知需求者而言，载荷量较多的信息同样可以提高顾客可能性期望；而且，低认知需求者可能性期望的变化幅度明显大于高认知需求者。由此可见，相对于高认知需求者，信息载荷量对低认知需求顾客可能性期望的影响更加显著，H_{4a} 得到验证。

表 6-1 认知需求对信息载荷量与顾客可能性期望关系的调节作用

主体间效应的检验					
因变量：企业提供营养健康餐饮的可能性					
源	Ⅲ型平方和	df	均方	F	Sig.
校正模型	39.931ª	3	13.310	13.321	0.000
截距	1711.125	1	1711.125	1712.524	0.000
认知需求高低	3.125	1	3.125	3.128	0.081
信息载荷量	30.681	1	30.681	30.706	0.000
认知需求高低 * 信息载荷量	6.125	1	6.125	6.130	0.016

a. $R^2=0.370$（调整后的 $R^2=0.342$）

6.5.2 实验二相关假设检验

根据实验二所得数据，进行认知需求水平（高 vs. 低）与单双面信息（单面 vs. 双面）的 2×2 双因素方差分析。结果显示，基于"菜品种类丰富"属性的单双面信息对顾客可能性期望影响显著（F=11.001，p=0.001<0.050），即企业呈现负面信息时会降低顾客可能性期望，对重要性期望影响不显著（F=0.249，p=0.862>0.050）；基于"投诉处理"属性的单双面信息对顾客可能性期望影响不显著（F=3.198，p=0.078>0.050），对重要性期望影响不显著（F=0.307，p=0.820>0.050）。H_{2a}得到部分验证，H_{2b}未得到验证。认知需求对单双面信息与顾客可能性期望关系的调节作用部分显著（F=7.553，p=0.008<0.050；F=0.032，p=0.859>0.050），对单双面信息与重要性期望关系的调节作用不显著（F=0.789，p=0.504>0.050；F=0.767，p=0.516>0.050），调节作用的具体形态如图6-3、图6-4所示。对低认知需求者而言，负面信息的呈现可能会显著降低其可能性期望，而对于高认知需求者而言，负面信息的呈现对其可能性期望影响则不明显。即企业单双面信息对低认知需求者可能性期望的影响大于高认知需求者，H_{4b}得以验证。

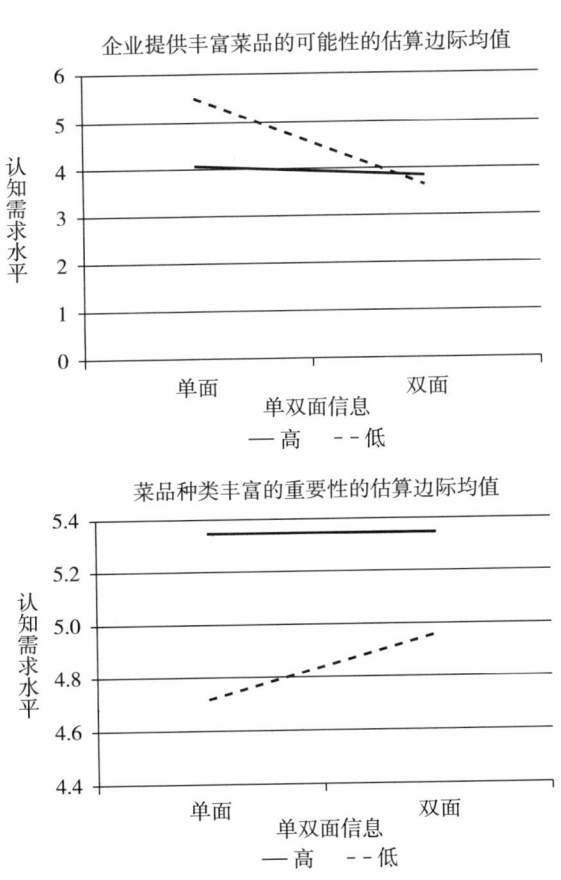

图6-3　认知需求对丰富菜品属性单双面信息与顾客期望关系的调节作用

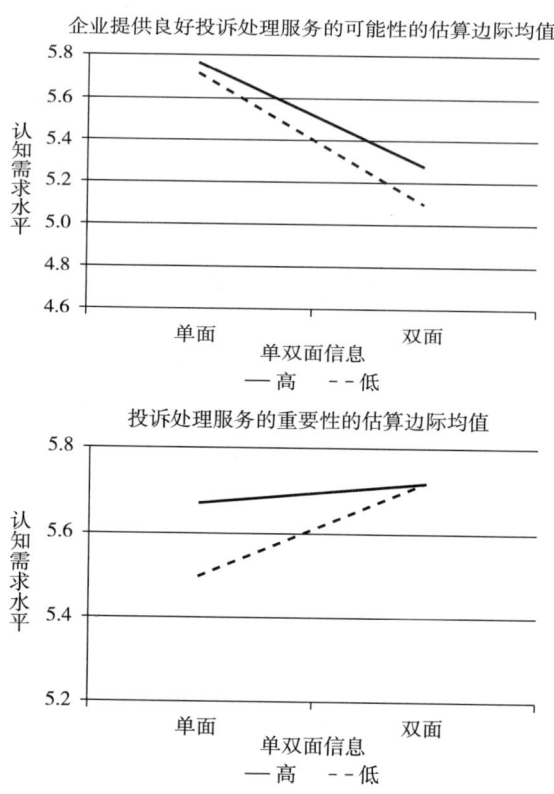

图6-4 认知需求对投诉处理属性单双面信息与顾客期望关系的调节作用

6.5.3 实验三相关假设检验

根据实验三所得数据，进行认知需求水平（高 vs. 低）与图片信息特征（产品信息 vs. 消费信息）的2×2双因素方差分析。实验结果显示，企业图片信息特征对顾客可能性期望影响显著（$F = 8.876$，$p = 0.004 < 0.050$），对重要性期望影响显著（$F = 15.444$，$p = 0.000 < 0.050$）。即企业图片信息特征会影响顾客的可能性期望与重要性期望。H_{3a}、H_{3b}得以验证。同时，认知需求对企业图片信息特征与顾客可能性期望之间关系的调节作用显著（$F = 4.104$，$p = 0.047 < 0.050$），对图片信息特征与顾客重要性期

望调节作用显著（F=9.343，p=0.003<0.050），调节作用的具体形态如图 6-5 所示。对于低认知需求者而言，消费信息图片对顾客可能性期望的积极影响比较明显；而对于积极主动分析信息的高认知需求者，消费信息图片对其可能性期望的影响相对较小。即企业图片信息特征对低认知需求者可能性期望的影响大于高认知需求者，H_{4c} 得以验证。关于重要性期望的信息筛选作用检验，仍然采用与实验一相同的分组方法。对被试的回忆信息数目进行独立样本 t 检验，结果显著（t=2.336，p=0.022<0.050），表明重要性期望不同被试回忆的数量有明显差异，假设 H_5 成立。

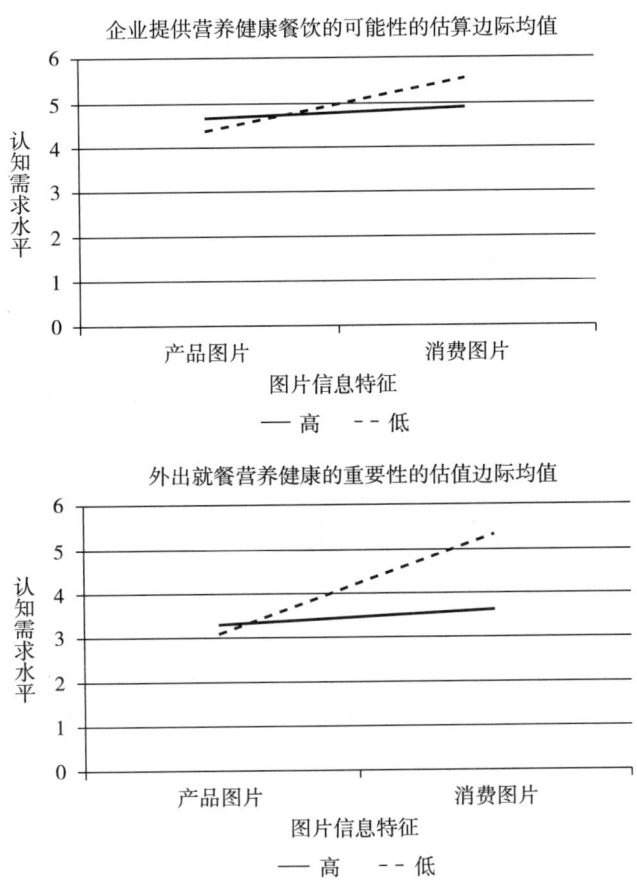

图 6-5 认知需求对图片信息特征与顾客期望关系的调节作用

表 6-2　认知需求对信息设计特征与顾客可能性期望关系的调节作用（a）

主体间效应的检验					
因变量：企业提供丰富菜品的可能性					
源	Ⅲ型平方和	df	均方	F	Sig.
校正模型	34.819a	3	11.606	7.505	0.000
截距	1309.014	1	1309.014	846.399	0.000
认知需求高低	6.125	1	6.125	3.960	0.051
信息设计特征	17.014	1	17.014	11.001	0.001
认知需求高低 * 信息设计特征	11.681	1	11.681	7.553	0.008

a. $R^2 = 0.249$（调整后的 $R^2 = 0.216$）

表 6-3　认知需求对信息设计特征与顾客可能性期望关系的调节作用（b）

主体间效应的检验					
因变量：企业提供良好的投诉处理服务的可能性					
源	Ⅲ型平方和	df	均方	F	Sig.
校正模型	56.819a	3	18.940	10.400	0.000
截距	1050.347	1	1050.347	576.772	0.000
认知需求高低	11.681	1	11.681	6.414	0.014
信息设计特征	28.125	1	28.125	15.444	0.000
认知需求高低 * 信息设计特征	17.014	1	17.014	9.343	0.003

a. $R^2 = 0.315$（调整后的 $R^2 = 0.284$）

根据实验三所得数据，分别以企业提供丰富菜品的可能性和提供良好的投诉处理服务的可能性为因变量，进行认知需求水平（高 vs. 低）与信息设计特征（单面 vs. 双面）的 2×2 方差分析。结果显示（见表 6-2、表 6-3），企业信息设计特征对顾客可能性期望的主影响效应显著（F = 11.001，p = 0.001<0.05；F = 15.444，p = 0.000<0.001），即当企业呈现负面信息时会降低顾客可能性期望，H_{2a} 得以验证。认知需求与信息设计特征的交互作用也显著（F = 7.553，p = 0.008<0.05；F = 9.343，p = 0.003<0.05），交互作用的具体形态如图 6-5 所示。对低认知需求者而言，负面

信息的呈现会显著降低其可能性期望,而对于高认知需求者而言,负面信息的呈现对其可能性期望影响则不太明显。由此可见,企业信息设计特征对低认知需求者可能性期望的影响大于高认知需求者,H_{4b} 得以验证。

6.5.4 正交实验设计及分析

考虑到影响因素组合效应存在相互抵消情况,我们针对信息载荷、单双面信息和图片信息特征三个变量进行了正交实验设计,旨在找出最适宜水平组合。因为信息载荷量、单双面信息和图片信息特征每个因素都有两个水平,应用 $L_4(2^3)$ 正交表,完成表头和方案设计并进行实验,收集相关数据(见表6-4)。共有四种实验方案,我们将调查问卷中的实验材料按照四个方案进行整合,每个实验方案后都包含一个关于图片信息的问题和一个顾客期望相关的问题,每个方案邀请20名参与者认真阅读实验材料并回答相关问题,最后从每组实验数据中抽取六组进行处理和分析。

数据处理结果如表6-4所示。依据 R_1、R_2、R_3 的大小,确定因子的主次顺序为 B、C、A。因子 A 中 $\overline{K_{A1}}$ 最大,最优水平选1,因子 B 中 $\overline{K_{B1}}$ 最大,最优水平选1,因子 C 中 $\overline{K_{C2}}$ 最大,最优水平选2,从而得最优水平组合为 $A_1B_1C_2$。因所分析出来的最优方案 $A_1B_1C_2$ 并未包括在已经做过的四个实验中,故按照所选定的这个最优方案做一次验证实验,假设为实验5号。实验结果显示($y_{5g}=31>29=y_{3g}$)比通过直接分析做的最优方案(实验3号)的结果更好(116>102),因此确定真正最优实验方案 $A_1B_1C_2$,即企业呈现信息时采取有消费图片的、载荷量大的单面信息是提高顾客期望的最优组合。

表6-4 正交实验极差分析

实验处理号 (i)	列(g)			y_{ig}
	A(多、少)	B(单、双)	C(产品、消费)	
1	1(多)	1(单)	1(产品)	28.000
2	1	2(双)	2(消费)	25.000
3	2(少)	1	2	29.000
4	2	2	1	20.000

续表

实验处理号 (i)		列（g）			y_{ig}
		A（多、少）	B（单、双）	C（产品、消费）	
K_{gp}	K_{g1}	53.000	57.000	48.000	y_{gg}
	K_{g2}	49.000	45.000	54.000	102.000
$\overline{K_{gp}}$	$\overline{K_{g1}}$	4.420	4.750	4.000	$\overline{y}$
	$\overline{K_{g2}}$	4.080	3.750	4.500	4.250
极差 R_g		0.340	1.000	0.500	

6.6 结论

6.6.1 研究结论与启示

（1）信息载荷量对可能性期望有显著正向影响，对重要性期望的影响不显著。无论是高认知需求者还是低认知需求者，当顾客只从企业获得很少的信息时，其可能性期望都会降低。企业发布信息是顾客了解产品和服务的重要来源，因信息量过少而产生的信息不完整问题会给顾客期望带来负面影响。可能性期望降低会导致顾客购买意愿降低，甚至放弃购买决策。这一发现指导企业在信息发布时，要尽可能多地介绍企业信息，特别是从其他来源难以获得的关于企业的历史、由来与特色的信息。从优势属性出发，进行"聚焦"调整，大量宣传，可以提高顾客可能性期望，为企业找到有利的生存空间。

（2）单双面信息对重要性期望的影响不显著，对可能性期望的影响并不总是显著负向的。当企业呈现的信息中包含有对属性的负面信息介绍时，顾客的重要性期望保持不变，可能性期望可能会显著下降。针对两个负面属性的分析结果一个显著一个不显著，我们分析其中的原因可能是，当企业呈现负面属性信息时，如果顾客感知为负面，可能性期望显著下降。如果顾客未分配注意力给负面属性，即使企业呈现相关负面信息，但因顾客未感觉到负面属性的不良效应而未降低属性期望。该结论间接表明企业提供信息内容与顾客信息加工方式联合作用于顾客期望。企业在信息发布时，不应仅关注信息的内容，更要在信息的表述上下功夫，考虑如何唤起顾客注意与联想，试着让顾客发现产品优势，忽略产品不足。同时，企业应正视负面信息的消极效应，并不是展示服务或产品中的不足就一定会降低顾客期望、阻止顾客选择。

（3）消费信息图片对可能性期望与重要性期望有显著影响。在企业信息呈现方式中，使用适当的消费信息图片会提高重要性期望与可能性期望。该结论提示餐饮企业在实际的操作中，不要按照企业现在一贯的做法，只发布有关环境和菜品的信息，可以展示贴近顾客生活的消费信息图片，如征集顾客消费信息，鼓励顾客上传店内消费图片，定期选出消费图片明星，让顾客做企业的代言人。在企业宣传信息中积极使用消费信息图片，可吸引顾客注意，提升顾客感觉体验与联想，促进顾客选择。

（4）顾客认知需求调节企业信息呈现方式与顾客期望间关系，重要性期望影响顾客对属性相关信息的关注数量。经检验，餐饮企业信息呈现方式的转变对低认知需求顾客的影响大于高认知需求顾客；重要性期望会筛选出重要属性的相关信息，屏蔽掉部分不重要属性的信息。具体有：企业信息载荷量过少对低认知需求者可能性期望的负面影响较大；负面信息对低认知需求者可能性期望的影响显著大于高认知需求者；消费图片信息宣传手段对低认知需求者的积极影响显著大于高认知需求者。最后的正交实验结论告知企业：在餐饮网络销售平台发布信息时，应从属性视角出发，采用消费信息图片和详细具体的单面信息是引导顾客期望的最佳信息呈现方式。要素间组合效应的检验结论表明，企业方呈现的文字信息内容重要性最高，进行积极的单面信息阐述尤为重要；图片信息特征重要性居中，展示图片中使用包含消费者的图片信息对顾客的期望影响较大；信息载荷以详细呈现信息为好。

6.6.2 理论贡献

（1）系统阐释企业信息呈现对顾客期望的组合作用机理。现有文献只对单一信息呈现要素或分别对单一信息要素对顾客行为的影响进行了检验。对信息与行为反应间的认知过程，即期望状态揭示不足，更忽略了不同信息要素间可能存在的相互抵消现象。本研究从企业发布信息视角，提炼信息呈现要素，结合顾客认知需求特质，系统检验了信息呈现方式对顾客期望的影响。并应用正交实验设计方法，对信息呈现要素组合影响问题进行了检验。无论视角的选择、方法的应用还是所得的结论，对信息呈现要素和期望影响因素的研究都是一个有益的补充。

（2）揭示重要性期望在信息加工过程中的信息筛选作用，拓展顾客期望维度理论。基于重要性期望诱发的种种顾客心理现象与心理效应，本研究大胆设想重要性期望在企业呈现信息与顾客认知间存在信息筛选作用，并通过实验设计，收集数据对设想进行了检验。这一发现对理解顾客期望的深刻内涵及其维度间的关系具有理论意义，进一步丰富了顾客期望影响因素理论，特别是对重要性期望在顾客期望形成过程中的信息筛选作用的发现。

6.6.3 研究不足与展望

本研究只选取了餐饮网络销售平台这一背景，检验企业信息呈现方式对顾客期望的影响。由于网上消费产品特征差异较大，这些结论在其他消费产品的普适性方面有待进一步检验。在未来的研究中，有必要针对不同类型的企业信息呈现方式做深入探索。

第7章

负面在线评论对顾客在线选择影响的实证研究

本章的主要目的是基于说服双过程理论、归因理论、最优唤醒理论等，总结负面在线评论特征，探讨负面在线评论对顾客在线选择意向的内在影响机制，并构建了理论模型，具体探讨问题有：负面在线评论特征，如负面在线评论占比、负面在线评论一致性对顾客在线选择意向的直接影响；尝试检验时间距离、评论总数量和负面化属性重要程度对负面在线评论占比、负面在线评论一致性与顾客在线选择意向关系的调节作用。

7.1 问题的提出

随着互联网技术的发展，越来越多的消费者放弃传统购物方式，逐渐接受网络购物的消费方式。已有研究表明，消费者在网络购物时会阅读他人关于产品、服务的在线评论。其中，负面在线评论被认为更加具有诊断性，是综合评价产品质量的重要参考。那么，消费者如何感知负面在线评论信息的诊断性呢？Deutsch 和 Gerard（1955）利用说服双过程理论解释社会因素对个体心理过程的影响，认为个体对信息的判断受两方面的影响：一是信息性影响，指信息接收者对信息内容的判断，包括信息质量；二是规范性影响，指信息接收者基于社会的压力，以符合其他人的意见和期望，产生的态度和评价不是基于信息本身而是基于他人的选择。Raffaele Filieri（2015）认为在线评论中，信息性影响主要源自评论的质量、评论来源的可信度以及评论提供的信息量。规范性影响指人群意见信息，如评论数量、整体产品排名等。本研究基于双过程理论信息性和规范性两个方面分别研究负面在线评论如何影响顾客在线选择意向。

7.2 研究模型

殷国鹏（2012）以豆瓣网为对象研究在线评论有用性，在评论内容质量、平均星级差异的基础上，基于从众效应、社会网络理论视角，提出了评论者内外中心度、评论者关系多样化和评论者经验技能三个评论者特征，且检验了它们对在线评论有用性的影响。Daniel 等（2015）从在线评论内容特征角度研究在线评论有用性，评论效价直接影响评论有用性，而评论数量和评论之间的差异对其具有调节作用，适度影响评论有用性。赵建彬等（2014）在研究中引入时间距离理论，研究在线评论类型对顾客偏好的影响，研究发现具体属性评价对顾客的产品偏好的影响比简单推荐评价更加显著，顾客评价对顾客偏好的影响要大于第三方评价的影响。郝媛媛等（2010）通过对文本相关特征的研究，探索在线影评的有用性影响因素，研究结果发现评论中积极的情感倾向以及评论平均长度对评论的有用性具有显著的正向影响。Mudambi（2010）研究了评论长度、评论强度和产品类型对在线评论有用性产生的影响，通过选取体验型和搜索型两种不同产品，探讨了在线评论特征对评论有用性的不同影响。

本研究具体探讨评论总数量与时间距离调节下的负面在线评论占比对顾客在线选择意向的作用机理、负面化属性重要程度与时间距离调节下的负面在线评论一致性对顾客在线选择意向的作用机理，概念模型如图 7-1 所示。

第 7 章 负面在线评论对顾客在线选择影响的实证研究

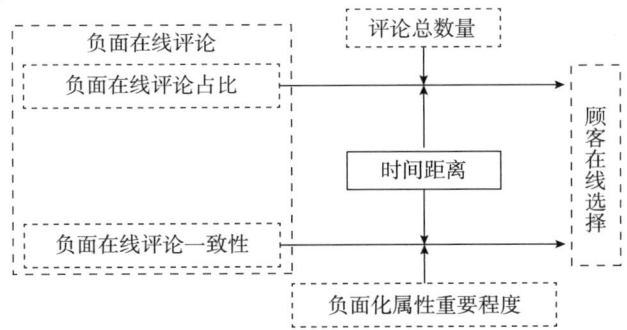

图 7-1 负面在线评论对顾客在线选择意向影响模型

7.3 研究假设

7.3.1 负面在线评论占比对顾客在线选择意向影响的假设

Sun-Jae Doh 等（2009）基于负面评论相对作用指出，一条负面评论本身消极影响消费者感知，当 10 条评论有一条负面评论时却不会产生负向影响，反而对顾客选择意向存在正向影响。负面在线评论占比，即负面在线评论数量占评论总数量的比例。本研究将负面在线评论占比分为三种情况：零负面评论、低负面评论占比、高负面评论占比。

Dellarocas（2006）研究表明，负面在线评论占比是影响顾客在线选择意向的重要因素。在线声誉系统中评论机制的不断完善，为顾客查阅负面评论及其数量提供了明朗有效的视觉线索，网络顾客很容易观察到多少人已经买了产品和他们中有多少人是满意的。从众效应理论认为，受到群体的引导和压力，消费者会怀疑并改变自己的观点、判断，易受到群体大多数人的影响。Cushing（1985）认为消费者在接受他人关于产品真实质量的评价信息时，会顺从这种来自在线评论群体的压力（Cushing，1985）。对某产品有相同看法的人数越多，这种规范性压力就越大（Chiou J，2003）。

Lee等（2007）研究发现，负面在线评论消极影响顾客选择，负面在线评论占比增加，消费者对产品的感知风险随之增加，从而降低购买意愿。根据信息加工的归因理论，Laczniak等（2001）研究发现，如果顾客将在线评论归因于产品本身问题，会增加对这一在线评论的可信度。但是，如果消费者将在线评论归因于外部环境问题，那么消费者则会认为这一在线评论可信度低。当负面在线评论占比低时，消费者会将其归因于外部环境，愿意相信负面在线评论的出现是偶然的，不会受到显著影响。反之，负面在线评论占比高时，消费者会将其归因于产品本身存在问题，认为负面在线评论具有稳定性，进而对该产品产生消极情绪。因此，提出以下假设：

H_1：负面在线评论占比对顾客在线选择意向呈消极影响，即负面在线评论占比越高，顾客在线选择意向越低。

7.3.2 评论数量对负面在线评论占比效应过程的调节作用假设

评论数量是指评论总数量。已有研究表明，评论数量影响消费者产品态度。Monic Sun等（2012）基于亚马逊图书数据研究发现，评论数量直接影响销售额，即评论数量越多，销售额越高。Ho-Dac等（2013）基于蓝光光碟数据分析发现，评论数量对不著名品牌产品的影响显著于著名品牌产品。然而，Daniel等（2015）却认为评论数量间接影响消费者选择意向，他们通过研究评论数量与评论其他特征对消费者选择的交互作用，发现顾客选择受到评论效价的直接影响，评论数量具有适度的调节作用。Pei-Yu Chen等（2004）认为评论数量一定程度上表明产品在市场中的热度，消费者倾向对流行、热门的产品交换意见，参与产品讨论越多，会有越大的机会引起其他消费者对该产品的关注。Zhu Feng（2006）也认为，评论数量向网络顾客传递了产品受欢迎程度的信号，受欢迎的产品比不受欢迎的产品对消费者选择意向产生更大的影响。另外，评论数量影响消费者信息搜索成本，网络购物情景下，由于备选产品太多，消费者需要投入大量精力去反复对比，参考以往卖家的在线评论，大量的评论提供了更丰富的产品信息，节省了消费者信息搜索成本。Chen等（2004）研究发现，评论数量的增加会使整体评价收敛到产品真实的质量。

同时，评论数量多客观地代表产品拥有更多受众，增加了消费者对评论的信任。

双过程理论中启发式处理模式认为，人们在信息加工中更多地依赖于直觉，加工速度较快，不希望占用或者占用很少心理资源，通常只能意识到其加工结果而忽视加工过程。采用启发式系统加工模式，消费者更偏爱处理难度低的信息。因此，受到启发式系统加工模式的影响，负面在线评论占比固定不变时，评论数量增加，信息处理难度增加，顾客会潜意识地使用绝对数的负面评论代替相对数的负面评论占比，从而使对顾客选择意向产生的负面影响变大。因此，提出以下假设：

H_2：评论总数量高低不同时，负面在线评论占比对顾客的选择意向具有不同的影响。具体地，总数量低时，负面评论占比的消极影响低于总数量高时的负面评论占比的消极影响。

7.3.3 负面在线评论一致性对顾客在线选择意向影响的假设

负面在线评论一致性指负面评论是集中在某一两个属性上，还是分散在多个属性。一致性越高，包含负面信息的产品属性数量越少。由于消费者对产品评分基于性价比和多个属性的综合评价，所以，产品的总评分不代表具体某一属性的评分。陈漫（2015）在研究中发现，在线评论中产品各个属性评分存在差异。其中，显著属性更加吸引消费者关注，往往被消费者作为评价产品价值的标准。负面在线评论中负面化属性较其他属性更加显著，对顾客选择意向影响更大。Park 等（2008）通过研究发现，负面具体属性评价使消费者感知不利于产品的信息比负面简单推荐评价的信息量更多，它告诉消费者更多不要购买产品的理由，更能抑制消费者对产品的选择偏好。Sen 等（2007）在调查消费者关于评论有用影响因素中，认为消费者基于产品相关属性评论比评论者自身因素评价会更能决定评论有用性。

归因理论等理论认为，人们通常愿意去做一种基本的预测和对环境的控制，以及需要理解他人这么做的原因，把个人对他人的态度或行为的归因分为两种：一是个人内部原因；二是外部原因（如环境或者其他刺激）。Sen 等（2007）在调查消费者关于评论有用影响因素中，认为消费者基于产品相关属性评论（外部环境）比评论者自身因素评价会更能决定评论有用性。基于归因理论视角审视负面在线评论一致性，负面在线评论一致性集中于某一产品属性，增加了顾客对评论内容的可信度，顾客可能认为产品缺陷是客观存在的，从而降低选择意向。当负向评论分散到不同的属性上时，则顾客认为由于众口难调等消费者因素，而不变选择意向。因此，提出以下假设：

H_3：负面在线评论一致性与顾客在线选择意向呈负相关，即负面在线评论一致性越高，顾客在线选择意向越低。

7.3.4 负面化属性的重要程度对负面在线评论一致性效应过程的调节作用假设

负面化属性指包含负面信息的产品属性，根据重要程度可分为负面化重要属性和负面化次要属性。在互联网背景下，消费者追求消费个性化，会参考产品属性维度，由于受到风险规避的影响，消费者往往会对负面化属性更加敏感。

心理价格理论认为，消费者会自己主观地给予商品一个价格，商品价格与消费者心理价格的差异受到期望的影响。消费者在网络购物过程中会对产品存在预期，当产品属性出现差评时，验证了顾客对产品不好的预期与担忧，产生负面情绪，若该负面化属性重要时，顾客负面情绪更大，进而产生低心理价格，降低产品选择意向。

最优唤醒理论认为，唤醒的程度受到外界刺激与个体适应水平两个方面的影响。适应水平是指个体最近经常受到的外部刺激。外界刺激适当地偏离适应水平使个体产生正面态度，而偏离过大则会产生负面态度。从最优唤醒理论的视角审视负面在线评论中负面化属性信息，消费者经常接触到正面属性信息，它对应着适应水平。随着少量不太重要负面属性信息的加入，正面属性信息适当地偏离了适应水平，使消费者产生了愉悦的新奇感，所以导致消费者态度和购买意愿的正向转变。但是随着负面化属性重要性增加，会对消费者整体的产品感知产生负面影响。因此，提出以下假设：

H_4：负面化属性越重要，负面在线评论一致性对顾客在线选择意向的负向影响越显著。

7.3.5 时间距离对负面在线评论占比效应过程的调节作用假设

时间距离指评论发表时间到顾客发生购买行为之间的时间距离。目前，一般的购物网站依据评论发表时间的先后排序呈现在线评论。因此，近期评论可能更容易被看到。已有研究表明，在线评论时间距离影响评论有用性感知。郝媛媛（2010）基于影评数据研究在线评论有用性影响因素时，引入评论发表天数作为控制变量，认为评论发表天数负面影响评论有用性，然而实证结果与假设相反，评论发表天数正向影响评论有用性，即发表时间越晚的评论越有用，评论发表天数与评论有用性关系有待进一步验证。王长征（2015）在研究追加评论有用性影响因素时，引入追加评论与初始评论之间时间距离作为调节变量，实证研究表明，追加评论与初始评论的时间距离正向影响评论有用性。

不同消费者对同一产品或经历的评论会有所不同，且可能会因时间的推移产生不同的影响。基于评论源的角度，当评论来源于与自己关系紧密的评论者时，消费者会感知评论更具可信性和有用性。Naylor 等（2011）的研究证实，评论者与自己的相似性也会积极影响消费者对在线评论有用性的感知。与远期评论相比，由于近期评论与消费者有更加相似的购买情景，因此对顾客产品选择影响更大。因此，提出以下假设：

H_5：时间距离近的时候，负面在线评论占比具有显著负向影响，时间距离远的时候，这种影响会淡化。

7.3.6 时间距离对负面在线评论一致性效应过程的调节作用假设

时间解释水平理论指出，时间距离是构成心理距离的一个重要维度。人们倾向于对远期过去的事运用高水平解释方式；对近期过去事件则运用低水平解释方式。高水平解释是概括性的、抽象的；低水平解释是具体的、情境性的。基于时间解释理论，具体属性的评论是详细产品信息，构成低解释水平，消费者在近的心理距离对它的关注程度比在远的心理距离时要高。如果是负面的，消费者越关注则其对产品的选择偏好就越低。Basuroy 和 Chatterjee（2003）基于电影票房数据的研究发现，在前八周之内，正面评论与负面评论对电影票房产生显著影响，但时间延长之后，负面评论的影响逐渐消失。可见，负面在线评论的影响随时间距离由近及远逐渐淡化。因此，提出以下假设：

H_6：时间距离近的时候，负面在线评论一致性具有显著负向影响，时间距离远的时候，这种影响会淡化。

7.4　实验设计与数据收集

本研究主要讨论负面在线评论对顾客在线选择意向的影响，我们拟通过情景实验的方法收集数据对模型进行实证检验。本次研究的实验被试者选择在校大学生，中国互联网络信息中心（CNNIC）《第36次中国互联网络发展状况统计报告》结果表明，截至2015年6月，学生群体占网民比例最高，为24.6%。我国网民呈年轻化特征，选择在校大学生更具有代表性。实验产品选择服装，选择原因有以下三点：第一，淘宝指数（淘宝消费者数据研究官方平台）中热销类目中服装排名第一，评论数据具有代表性、可获取性；第二，选择服装这类大学生比较熟悉的产品，避免情景实验可能造成的被试者反应与真实生活并不完全一致的问题；第三，服装为体验性产品，消费者在购买时无法接触、体验产品，因而更倾向于依赖以往使用者产品评论信息做出购买选择。

同时，本研究将品牌熟悉度、价格、个人认知方式、人口统计特征（性别、年龄、教育背景）等其他影响顾客在线选择意向的因素进行控制。品牌熟悉度与价格的影响采用事前控制的方式，通过实验情景中隐匿品牌名称和价格进行操控。个人认知方式的影响采用 Park 等（2008）的研究方法，通过将被试者随机匹配到各实验组进行控制。人口统计特征通过统计分析检查其对顾客在线选择意向的影响，如果这些因素对因变量没有影响且这些因素在各实验组间没有差异，则不需要操控，否则将其作为协变量引入模型。四个实验都以顾客在线选择意向作为因变量，以实验中的组间变量作为自变量，用 Liket 7 分量表对每个题目进行计分，"1"表示可能性最低，"7"表示可能性最高，观察实验结果中自变量与因变量之间的变化关系以及自变量之间的交互作用,来验证实验假设是否成立。

7.4.1 实验一:评论数量在负面在线评论占比与顾客在线选择意向之间的调节的检验

7.4.1.1 设计思路

实验一采用负面在线评论占比(零、低、高)与评论总数量(多、少)的3×2双因子组间设计,目的是检验负面在线评论占比对顾客在线选择意向的影响,以及评论总数量对负面在线评论占比与顾客在线选择意向关系的影响。

7.4.1.2 预实验:关于负面在线评论占比低、高界值的确定

Sun等(2009)在负面网络口碑几个不同比例的组合对口碑传播影响的研究中发现,比例组合为10∶0、9∶1和8∶2没有显著差异,但与7∶3和6∶4的差异明显。基于Sun等(2009)的研究,陈美丽(2011)将负面网络口碑份额高、低两个水平分别确定为50%、20%。张永建(2011)将负面网络口碑低度占比定义为12条评论中有2条负面口碑,负面网络口碑高度占比定义为12条评论中有5条负面口碑。

本研究中负面在线评论占比分为零、低、高三个水平,预实验主要确定负面在线评论占比低、高界值。参考Sun等(2009)关于正、负面网络口碑比例组合,本研究提出负面在线评论占比对应数值1/10、2/10、3/10、4/10、5/10、6/10,让40名被试者分别选择感知负面在线评论占比高、低水平对应数值,调查问卷见附录Ⅵ。调查结果如表7-1所示,认为负面在线评论低占比对应的数值为1/10的人数最多,占总人数的40%;认为负面在线评论高占比对应的数值为3/10的人数最多,占总人数的37.5%。

表7-1 负面在线评论占比高和低水平对应数值

	负面在线评论低占比		负面在线评论高占比	
	频数	有效百分比(%)	频数	有效百分比(%)
1/10	16	40	1	2.5
2/10	10	25	3	7.5

续表

	负面在线评论低占比		负面在线评论高占比	
	频数	有效百分比（%）	频数	有效百分比（%）
3/10	8	20	15	37.5
4/10	4	10	9	22.5
5/10	1	2.5	7	17.5
6/10	1	2.5	5	12.5

结合前人研究与调查结果，本研究确定负面在线评论占比的各水平对应数值，零负面评论为 0，负面在线评论低占比为 1/10，负面评论在线评论高占比为 3/10。

7.4.1.3 正式实验

实验一中自变量为负面在线评论占比，调节变量为评论总数量。

（1）负面在线评论占比。结合前人研究与调查结果，最终确定负面在线评论占比零、低和高三个水平分别按照数值 0、1/10 和 3/10 进行操控。

（2）评论总数量。Chen（2004）在基于亚马逊图书网评论数据研究在线评论对销售影响时，按图书销售额排名，将图书分为畅销、流行、不受欢迎三类，销量前 100 名为畅销图书，101～9999 名为流行图书，1 万名以后为不受欢迎图书。分别观察三类图书的在线评论平均数量与特征。本研究参考 Chen（2004）的研究方法，结合被试产品现实特征，在淘宝网站上搜索某类目服装关键词，根据销量排名，呈现产品信息 100 页，我们将第 1 页产品定为畅销产品，2～50 页产品定为流行产品，50 页以后定为不受欢迎或者产品上线时间较新的产品。由于畅销产品数量较少，缺少代表性，不作为我们选择观察对象。从流行性产品、不受欢迎产品中各随机抽取 5 个观察产品评论数量，根据产品数量均值选定流行性产品评论数量为 1302 条，不受欢迎产品评论数量为 30 条，对评论数量多、少进行操控。

7.4.2 实验二：负面化属性重要程度在负面在线评论一致性与顾客在线选择意向之间的调节的检验

7.4.2.1 设计思路

实验二采用负面在线评论一致性（高、低）与负面化属性重要程度

（重要、次要）的 2×2 双因子组间设计，目的是检验负面在线评论一致性对顾客在线选择意向的影响，以及负面化属性重要程度对负面在线评论一致性与顾客在线选择意向关系的影响。

7.4.2.2 预实验一：服装类产品重要属性与次要属性的确定

蓝天广（2015）在研究在线评论文本内容中，将服装属性类别归纳为款式、颜色、尺码、材质、衣服局部、效果、薄厚、质量、客服、物流、价格。参考前人研究，本研究将服装属性分为重要属性和次要属性，具体操作步骤如下：首先，搜集服装属性，一方面通过百度关键词"服装属性"深入了解服装属性定义；另一方面大量查阅淘宝网上服装在线评论信息，分析评论内容，提炼和筛选出现频率较高的属性。通过以上方式，我们选定了 12 个服装属性。其次，要求被试者评价这 12 个属性在网络购物中的感知重要程度，并使用 Likert 7 点量表，从 1（非常不重要）到 7（非常重要）对属性评分，按评分高低进行排序。为了检验数据可信度，我们随机挑选 3 个属性，分别让被试者重新评价该 3 个属性的重要程度并打分，询问被试者如果负面评论分别涉及或集中于该 3 个属性时的选择意向，检验结果表明消费者选择没有差异，数据可信。最后，我们通过邀请 5 位营销专业本科生组成访谈小组，对排序后的 12 个服装属性重要程度合理性进行评估，保留前 10 项服装属性，最终选定用来设计负面在线评论操控负面化属性重要程度的属性，结果如表 7-2 所示。

表 7-2 负面化属性重要程度分类

5 个重要属性	平均分	5 个次要属性	平均分
款式	6.47	客服	5.62
做工	6.44	物流	5.56
面料	6.25	辅料	5.22
规格尺寸	6.22	生产年份	4.97
颜色	5.92	包装	4.69

7.4.2.3 预实验二：选择体现负面在线评论一致性高、低的负面评论

本研究将负面在线评论一致性分高和低两个水平，目的是选择体现负面在线评论一致的负面评论。具体步骤如下：首先，确定负面在线评论数

量。Park（2008）在研究在线评论数量对消费者购买意向的影响时提出，评论数量过多会导致信息量过载。由于本研究是关于负面在线评论的研究，负面在线评论数量过多会干扰被试者的产品选择过程。因此，结合他人研究与本实验实际阅读量，本研究将负面在线评论数量定为 3 条，作为实验二每个正式实验组的评论条数。其次，本研究通过在淘宝网中选定产品评论进行严格的收集与筛选，评论的收集和筛选参考 Lee M 和 Youn（2009）的研究，对评论内容进行分析，根据涉及的产品属性选定 12 条负面在线评论（3 条款式、3 条物流、颜色、面料、做工、包装、辅料、客服各 1 条），由于现实中 1 条评论会涉及多个属性，为了更好地操控实验，本研究将每一条负面在线评论保留一个产品属性。最后，通过访谈小组对评论内容和合理性进行讨论，对存在争议的内容进行修改。

7.4.2.4 正式实验

实验二中自变量为负面在线评论一致性，调节变量为负面化属性重要程度。

根据研究假设，负面在线评论一致性指负面评论是集中在某一两个属性上，还是分散到多个属性。本研究将负面在线评论一致性分为高、低两个水平，刘中刚（2009）在研究双面信息说服效果时指出，双面信息中包含负面信息的产品属性为 2/5 时，说服效果最佳。过多或负面在线评论一致性高通过 3 条负面在线评论集中涉及一个属性进行操控，负面在线评论一致性低通过 3 条负面在线评论分别涉及 3 个不同属性进行操控。

负面化重要属性指通过调查与小组访谈确定的负面在线评论中涉及服装重要属性，反之，负面化次要属性是指负面在线评论中涉及服装次要属性。

7.4.3 实验三：时间距离在负面在线评论占比与顾客在线选择意向之间的调节的检验

7.4.3.1 设计思路

实验三采用负面在线评论占比（零、低、高）与时间距离（远、近）的 3×2 双因子组间设计，目的在于检验时间距离对负面在线评论占比与顾客在线选择意向关系的影响。

7.4.3.2 正式实验

实验三中自变量为负面在线评论占比,调节变量为时间距离。时间距离指评论时间到消费者发生购买行为的时间距离,本研究时间近距离通过评论时间在最近一周进行操控,时间远距离通过评论时间在 6 个月前进行操控。负面在线评论占比的操控与实验一相同。

7.4.4 实验四:时间距离在负面在线评论一致性与顾客在线选择意向之间的调节的检验

7.4.4.1 设计思路

实验四采用负面在线评论一致性(高、低)与时间距离(远、近)的 2×2 双因子组间设计,检验时间距离对负面在线评论一致性与顾客在线选择意向关系的影响。

7.4.4.2 正式实验

实验四中自变量为负面在线评论一致性,调节变量为时间距离。负面在线评论一致性的操控与实验二相同,时间距离的操控与实验三相同。

7.4.5 问卷的设计

本研究问卷分为两部分:第一部分是问卷说明与个人信息,了解被试者购物经历与阅读在线评论习惯;第二部分则是对负面在线评论特征设计的四个实验。在正式实验前进行预实验,预实验通过问卷调查法来收集数据为后续正式实验提供材料。为确保问卷的可靠性与有效性,在进行大规模数据收集前先采取小范围的发放与填写对问卷进行提前测试。通过提前测试测验实验材料的内容、形式和语言表达、语义是否合理,并根据被试者的反馈结果对实验内容和语句进行调整。

正式实验前邀请了沈阳某大学的 20 名研究生进行问卷调查,确认是否有难以回答或者题意不明的问题,结合他们提出的语义不明或表达不合理的内容,对问卷进行修改。在上述步骤之后确立了正式的调查问卷。(调查问卷见附录Ⅵ、附录Ⅶ)

7.5 数据分析与结果讨论

本章利用 SPSS 21.0 对实验数据进行分析，首先对个人信息进行描述性统计分析，其次对主实验数据进行方差分析、一般线性模型分析，最后根据数据分析结果对研究假设进行总结。

7.5.1 实验过程

7.5.1.1 数据收集

本研究对象为来自沈阳某大学 64 名在校本科生和研究生。实验在两个机房进行，由于本实验涉及两个自变量——负面在线评论占比与负面在线评论一致性，为了避免被试者受到这两个变量的相互影响，将被试者随机分为两组，"负面在线评论占比、评论数量、时间距离"组和"负面在线评论一致性、负面化质量、时间距离"组各 32 名被试。每个小组均在没有时间限制情况下浏览实验材料，并回答相应问题。

7.5.1.2 样本选择

四个实验的有效问卷数量分别是 64 份、62 份、60 份、64 份。对实验一中 64 份有效问卷进行人口统计分析，结果如表 7-3 所示。从样本结果看，被试者中男生比例高于女生，年龄集中在 21~25 岁，全部具有网购经历，在过去一年的网购经历绝大多数在 8 次以上，验证了大学生是重要的网购群体。同时，85.9% 的被试者在网购前会较多阅读在线评论，79.7% 会连续查阅多页评论，查阅在线评论习惯中，60.9% 的被试者选择特别点开负面评论浏览。可见，负面在线评论的研究更具有现实意义。实验二、实验三、实验四人口统计分析结果与实验一相似。

表 7-3　人口统计特征

人口统计特征	类型	人数（人）	样本比例（%）	累计样本比例（%）
性别	男	35	54.7	54.7
	女	29	35.3	100

续表

人口统计特征	类型	人数（人）	样本比例（%）	累计样本比例（%）
年龄	20岁及以下	14	21.9	21.9
	21~25岁	38	59.4	81.3
	26~30岁	10	15.6	96.9
	31岁及以上	2	3.1	100
受教育程度	本科	30	46.9	46.9
	硕士	31	51.6	98.9
	博士	1	1.6	100
网购经历	有	64	100	100
网购频率	1~3次/年	9	14.1	14.1
	4~7次/年	8	12.5	26.6
	8~15次/年	20	31.3	57.8
	15次以上	27	42.2	100
阅读在线评论	不阅读	1	1.6	1.6
	较少阅读	8	12.5	14.1
	较多阅读	55	85.9	100
阅读评论数量	只看第一页	13	20.3	20.3
	连续看多页	51	79.7	100
阅读评论习惯	顺序阅读	25	39.1	20.3
	特别点开差评阅读	39	60.9	100

7.5.2 数据分析

7.5.2.1 实验一相关假设检验

根据实验一所获数据，以顾客在线选择意向为因变量，进行负面在线评论占比（零、低、高）与评论总数量（多 vs. 少）的3×2双因素方差分析。如表7-4所示，负面在线评论占比对顾客在线选择意向具有显著性影响（$F=37.887$，$p=0.000<0.001$）。负面在线评论占比越高，顾客选择意向越低。H_1假设得到验证。

表 7-4 评论总数量对负评占比与顾客在线选择意向的调节作用

主体间效应的检验					
源	Ⅲ型平方和	df	均方	F	Sig.
校正模型	403.146	5	80.629	24.978	0.000
截距	5162.667	1	5162.667	1599.335	0.000
总评论	75.260	1	75.260	23.315	0.000
负评占比	244.599	2	122.299	37.887	0.000
总评论 * 负评占比	83.286	2	41.643	12.901	0.000
误差	1220.188	378	3.228		
总计	6786.000	384			
校正后的总计	1623.333	383			

评论总数量对负面在线评论占比与顾客在线选择意向的关系调节作用显著（F=12.901，p=0.000<0.001），且对无负面在线评论、负面在线评论低占比的调节作用大于负面在线评论高占比，交互作用具体形态如图 7-2 所示。零负评和负面评论低占比，在评论总数量少时，顾客在线选择意向较低，随着评论总数量增加，顾客选择意向增加，同时，无负面评论的选择意向增加幅度大于负面评论低占比，研究假设未得到验证。然而，负面在线评论高占比在评论总数量低时，顾客选择意向较低，随着评论总数量增加，顾客在线选择意向降低。因此，H_2 部分得到验证。

7.5.2.2 实验二相关假设检验

根据实验二所获数据，以顾客在线选择意向为因变量，进行负面在线评论一致性（高 vs. 低）与负面化属性重要程度（重要 vs. 次要）的 2×2 双因素方差分析。如表 7-5 所示，负面在线评论一致性对顾客在线选择意向具有显著性影响（F=10.249，p=0.002<0.05）。负面在线评论一致性越高，顾客在线选择意向越低，H_3 假设得以验证。负面化属性重要性对负面在线评论一致性与顾客在线选择意向的关系调节作用显著（F=10.249，p=0.002<0.05），且对低一致性的调节作用大于高一致性，交互作用具体形态如图 7-3 所示。负面评论一致性高、负面化属性次要时，顾客在线选择意向较高，随着属性重要程度增加，顾客在线选择意向降低，同样，当负面评论一致性低、负面化属性次要时，顾客在线选择意向随着属性重要

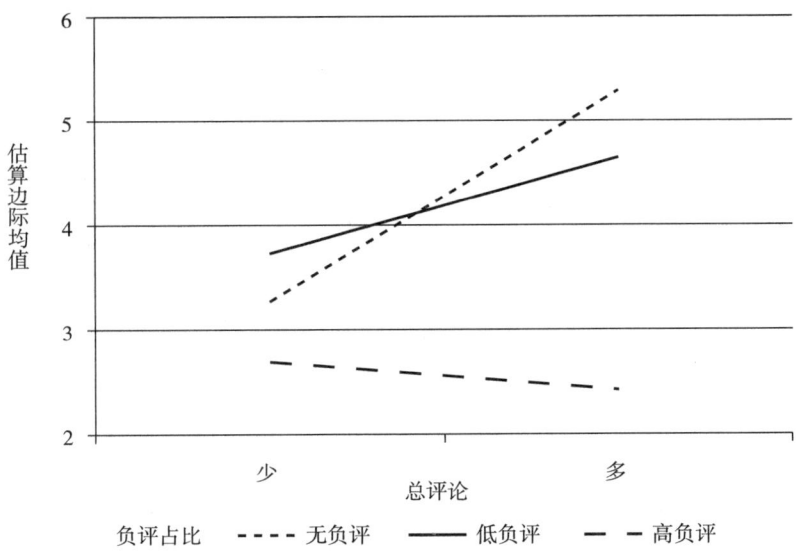

图 7-2　评论总数量对负评占比与顾客在线选择意向的调节作用

程度增加而降低。但是当负面化属性为重要属性时，无论负面评论一致性高低与否，顾客在线选择意向都会保持较低水平。H_4 假设得以验证。

表 7-5　负面化属性重要程度对负评一致性与顾客在线选择意向的调节作用

主体间效应的检验					
源	Ⅲ型平方和	df	均方	F	Sig.
校正模型	126.922	3	42.307	16.509	0.000
截距	2413.266	1	2413.266	941.671	0.000
属性重要性	74.391	1	74.391	29.028	0.000
负面评论一致性	26.266	1	26.266	10.249	0.002
属性重要性*负面评论一致性	26.266	1	26.266	10.249	0.002
误差	645.813	252	2.563		
总计	3186.000	256			
校正后的总计	772.734	255			

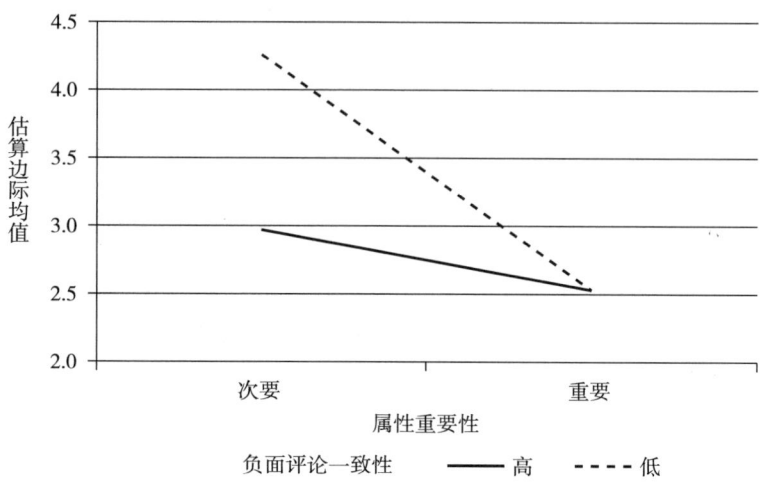

图 7-3　属性重要性对负评一致性与顾客在线选择意向的调节作用

7.5.2.3　实验三相关假设检验

根据实验三所获数据，以顾客在线选择意向为因变量，进行负面在线评论占比（纯正、低、高）与时间距离（远 vs. 近）的 3×2 双因素方差分析。如表 7-6 所示，时间距离对负面在线评论占比与顾客在线选择意向的关系调节作用显著（$F=18.776$，$p=0.000<0.001$），且对零负评和低占比的调节作用大于高占比，交互作用具体形态如图 7-4 所示。时间距离近时，零负评对应的顾客在线选择意向较高，随着时间距离变远，顾客在线选择意向降低，研究假设未得到验证。但是，负面评论低占比和负面在线评论高占比在时间距离近时，顾客在线选择意向较低，随着时间距离变远，顾客在线选择意向增加，H_5 部分得到验证。

表 7-6　时间距离对负评占比与顾客在线选择意向的调节作用

主体间效应的检验					
源	Ⅲ型平方和	df	均方	F	Sig.
校正模型	259.201	5	51.840	18.118	0.000
截距	5528.253	1	5528.253	1932.121	0.000
时间距离	0.315	1	0.315	0.110	0.740

第7章 负面在线评论对顾客在线选择影响的实证研究

续表

主体间效应的检验					
源	Ⅲ型平方和	df	均方	F	Sig.
负评占比	151.443	2	75.721	26.465	0.000
时间距离 * 负评占比	107.443	2	53.721	18.776	0.000
误差	1081.547	378	2.861		
总计	6869.000	384			
校正后的总计	1340.747	383			

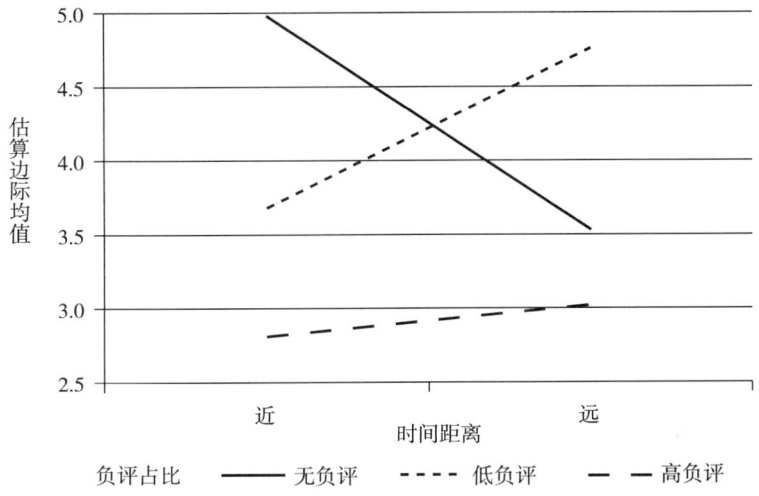

图 7-4 时间距离对负评占比与顾客在线选择意向的调节作用

7.5.2.4 实验四相关假设检验

根据实验四所获数据,以顾客在线选择意向为因变量,进行负面在线评论一致性(高 vs. 低)与时间距离(远 vs. 近)的 2×2 双因素方差分析。如表 7-7 所示,时间距离对负面在线评论一致性与顾客在线选择意向的关系调节作用显著($F=6.249$,$p=0.013<0.05$),且对高一致性的调节作用大于低一致性,交互作用具体形态如图 7-5 所示。负面评论高一致性在时间距离近时,顾客在线选择意向较低,随着时间距离变远,顾客在线选择意向增加。同样,负面评论低一致性时,顾客在线选择意向随着时间距离变远而增加,H_6 得到验证。

表 7-7　时间距离对负评一致性与顾客在线选择意向的调节作用

主体间效应的检验					
源	Ⅲ型平方和	df	均方	F	Sig.
校正模型	84.765	3	28.255	11.952	0.000
截距	3253.174	1	3253.174	1376.134	0.000
时间距离	53.720	1	53.720	22.724	0.000
负面评论一致性	16.000	1	16.000	6.768	0.010
时间距离 * 负面评论一致性	14.772	1	14.772	6.249	0.013
误差	590.999	250	2.364		
总计	3936.000	254			
校正后的总计	675.764	253			

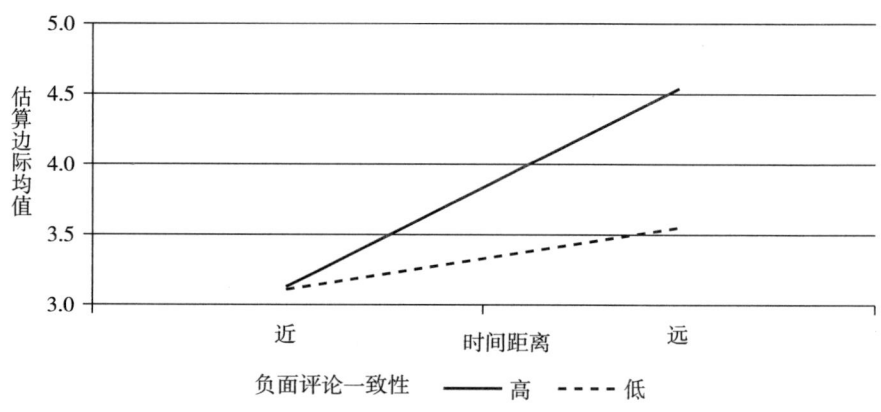

图 7-5　时间距离对负评一致性与顾客在线选择意向的调节作用

7.6　结论

7.6.1　研究结论

本研究借鉴前人的研究成果，基于负面在线评论特征，探讨负面在线

第 7 章 负面在线评论对顾客在线选择影响的实证研究

评论对顾客在线选择意向的作用机制，构建了理论模型，主要关注两个方面：一是负面在线评论特征对顾客在线选择意向的影响，负面在线评论特征包括负面在线评论占比、负面在线评论一致性；二是研究时间距离、评论总数量和负面化属性重要程度对负面在线评论特征与顾客在线选择意向关系的调节作用。假设的检验结果如表 7-8 所示。

表 7-8 假设检验结果

编号	假设	结论
H_1	负面在线评论占比与顾客在线选择意向呈负相关	成立
H_2	评论总数量高低不同时，负面在线评论占比对顾客的选择意向具有不同的影响。具体地，总数量低时，负面评论占比的消极影响低于总数量高时的负面评论占比的消极影响	部分成立
H_3	负面在线评论一致性与顾客在线选择意向呈负相关	成立
H_4	负面化属性越重要，负面在线评论一致性对顾客在线选择意向的影响越显著	成立
H_5	时间距离近的时候，负面在线评论占比具有显著负向影响，时间距离远的时候，这种影响会淡化	部分成立
H_6	时间距离近的时候，负面在线评论一致性具有显著负向影响，时间距离远的时候，这种影响会淡化	成立

（1）负面在线评论占比显著影响顾客在线选择意向。实验结果表明，负面在线评论占比对顾客在线选择意向呈负相关，当零负面评论和负面在线评论低占比时，顾客感知风险较小，随着负面在线评论占比增高，顾客感知风险增大，顾客选择意向降低。

（2）评论总数量对负面在线评论占比与顾客选择关系具有显著的调节作用。实验结果表明，总数量低时，零负评和负面评论低占比的消极影响高于总数量高时的负面评论占比的消极影响，研究假设未得到验证。同时，评论总数量少时，与零负评相比，低度占比的负面评论往往被顾客认为更加可信，顾客选择意愿较高，但是随着评论总数量增加，零负评对应的顾客在线选择意向高于负面在线评论低占比，这是由于，评论总数量增加，增加了评论的可信度，顾客会认为产品质量确实不错。然而，负面在线评论高占比时，随着评论总数量增加，顾客会认为产品缺陷不是偶然现象，顾客选择意向较低，研究假设得到验证。

（3）负面在线评论一致性显著影响顾客选择。实验结果表明，负面在线评论一致性高时，顾客会认为产品缺陷是客观存在的，顾客在线选择意向会降低。当负面在线评论一致性低时，顾客会认为是由于众口难调而不是产品本身问题，顾客在线选择意向不会受到显著影响。

（4）负面化属性重要程度对负面在线评论一致性与顾客在线选择意向之间调节作用显著。当负面化属性次要时，负面在线评论高一致性对应的顾客在线选择意向较高，随着属性重要程度增加，顾客在线选择意向降低，同样，负面评论低一致性对应的顾客在线选择意向随着属性重要程度增加而降低。但是，当负面化属性为重要属性时，无论负面评论一致性高低与否，顾客在线选择意向都会保持较低水平。这是由于，顾客选择产品时，往往会将各属性作为评价产品的标准，负面化属性重要时，促使消费者放弃购买该产品。

（5）时间距离对负面在线评论占比与顾客在线选择意向之间调节作用显著。实验结果表明，时间距离近时，零负评对应的顾客在线选择意向较高，随着时间距离变远，顾客在线选择意向降低，研究假设未得到验证。但是，对于负面在线评论低占比和负面在线评论高占比，在时间距离近的时候，负面在线评论占比具有显著负向影响，时间距离远的时候，这种影响会淡化。

（6）时间距离对负面在线评论一致性与顾客在线选择意向之间调节作用显著。实验结果表明，在时间距离近的时候，无论负面在线评论一致性高低，都具有显著负向影响，随着时间距离变远，这种影响会淡化。这是由于，与远期的评论相比，顾客从近期的评论中更能获得与自己相似的信息。

7.6.2 研究贡献

本研究在负面在线评论对顾客在线选择意向影响的作用机制中，引入负面在线评论占比和负面在线评论一致性两个变量。一方面，基于负面在线评论方向和数量的交互作用的角度，提出负面在线评论占比对顾客在线选择意向的影响，丰富了负面在线评论的研究；另一方面，已有文献从评论特征整体层面研究评论有用性，较少涉及评论中具体属性研究，而消费者阅读在线评论的目的是减少不确定性，了解产品的真实情况，这表现为网络顾客通过负面评论涉及的产品属性来综合衡量产品的质量。本研究在以往研究的基础上，提出负面在线评论一致性、涉及产品属性的重要程度等特征，探讨了消费者通过负面在线评论特征，如何减少网络购物带来的不确定感，这在一定程度上深化了以往的研究。

7.6.3　研究不足

（1）研究变量局限性。负面在线评论对顾客在线选择意向的影响因素有很多，如评论者的特征、评论特征、评论接受者特征、市场环境等，但由于时间、精力等方面的局限，本研究主要从评论特征的角度，研究负面在线评论对顾客在线选择意向的作用机理，其他可能影响顾客感知负面在线评论行为的因素，如对评论者专业程度、负面在线评论数量、负面在线评论的质量、评论接受者卷入度未做深入探讨。

（2）样本选择的局限性。本章主要以在校大学生作为被试者开展研究，大学生样本本身年轻化、教育程度高，符合我国网民特征，然而这一群体与其他群体从某种程度上有较大区别，因此，仅由大学生作为被试开展研究对研究结果的应用性产生一定程度的影响。

（3）研究对象的局限性。本章仅锁定服装行业，虽然网购产品中服装具有代表性，但是，对于其他商品的实证研究的相关结论可能与服装这种产品有所差异，因此本研究的普遍性有待检验和考察。

第 8 章

基于归因理论的顾客期望变更研究

本章以餐饮服务行业为背景，建立顾客感知评价、情境归因与顾客期望之间关系的概念模型，探索顾客归因（控制点归因、稳定性归因与可控性归因）调节下的不同顾客经历（好，坏）对顾客期望的影响，相关结论可指导企业服务传递过程中的资源配置。

8.1 问题的提出

现有文献中，顾客期望对顾客选择行为影响的结论仍停留在"提升顾客期望可增加顾客对未来产品选择行为的可能性"上面，关于如何管理顾客期望并不清晰。顾客期望作为吸引消费选择和影响满意度的一种标准，是一把"双刃剑"，顾客期望影响顾客消费的全过程，对顾客满意及其随后的消费选择行为有重要的影响。现实中一些企业为培养顾客忠诚度，吸引顾客长久选择，希望赋予顾客满意感，但又不希望由于顾客评价满意带来顾客期望的提升，而造成以后难以满足顾客期望的困境。基于企业管理实践的需要，我们将问题聚焦在顾客感知评价和顾客期望的调节变量的寻找与调节机理的检验上。

Higgs 等（2005）的研究表明，顾客期望会受到顾客经历的影响而发生变化，也就是顾客的消费经历及评价会对期望产生影响并进一步影响顾客未来的选择行为。顾客期望作为一种"评判标准"，随着顾客服务消费经历的日益丰富，在不同的服务经历情境下会受到不同外界因素的影响而有差异。在商家经营过程中，顾客期望既是顾客消费的吸引力，又给商家树立了最低服务经营标准，其作为吸引顾客选择和决定顾客满意的重要变量，商家主动了解顾客期望形成、变化的规律，研究和掌控此类"标准"，对其进行管理以影响消费感受，对吸引和保留顾客十分重要。

归因理论可以较为充分地对顾客感知评价事件产生的缘由进行评判并解释态度和行为的转变，当影响顾客感知评价的事件发生后，顾客往往会对事件进行归因推断来判定商家责任，进而影响未来的服务选择。顾客期望作为顾客基于对需求满足状况的一种判定，其影响因素应该是经过归因分析的某些结果。在顾客服务消费经历中，顾客期望不仅受到事件直接原因判定的影响，还会受到原因推测过程中归因类型的影响，本书认为可以通过控制服务经历事件的归因方式，以影响顾客期望进而增加消费选择，所以需要进一步实证检验顾客感知评价对顾客期望的影响机理，以提供一种合理途径，延续顾客满意，均衡顾客期望与企业成长。

8.2 研究模型

基于以上分析，在本章研究中引入 Weiner 的归因理论，探讨顾客满意与否和归因理论的三个维度对顾客期望的影响机理，构建概念模型如图 8-1 所示。

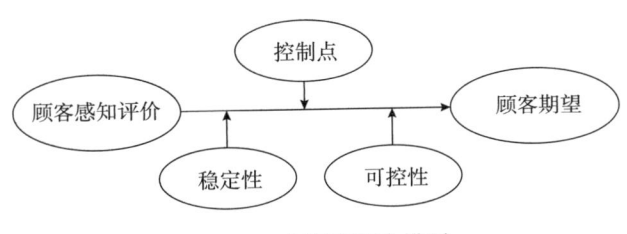

图 8-1 本研究概念模型

8.3 研究假设

顾客期望具有动态性的本质且是影响感知服务质量的重要变量。Ho 等

顾客选择行为中的多期望作用模式及其更新研究：服务属性视角

（2004）证明服务递送时间、信息的传递与承诺会影响到顾客期望和公司最后的市场传递份额。Mauri 等（2013）验证了其他顾客对宾馆服务的网络评价对顾客的决策过程与服务期望产生的影响，提出顾客评价结果显著影响顾客期望的推论。已有文献研究内容虽异，但几乎都肯定了"过去的经历和经验"对顾客期望的影响，并且，顾客感知评价作为对以往经历的经验总结，是顾客对服务接触过程中商家服务质量的一种评判，由此推断顾客评价对顾客期望有显著影响。同时，Seungoog Weun 等（2004）的研究结果表明了服务失败严重程度对满意度、信任和负面口碑有显著影响，满意度是结果变量（如信任、承诺和负面口碑）的重要决定因素。唐建生等（2016，2017）研究表明，当发生服务失败后，会降低消费者对服务的评分及推荐意愿。服务满意度作为顾客感知变量反映了顾客对产品或服务的一种感知评价状态，正向影响顾客信任、口碑等结果变量。顾客期望作为一种"评判标准"，在不同的外界因素影响下而有差异，由此推断顾客感知评价对顾客期望也具有一定的正向影响关系，即不同的感知评价（满意/不满意）代表了不同水平的顾客期望。综上提出假设如下：

H_1：顾客感知评价对顾客期望有显著正向影响。

Weiner（1980，1985）指出，当出现服务失误时，顾客对其失误原因的归因判断会影响顾客的反应，而此类归因判断又受到商家归因动机、服务者的解释方式、是否有服务补偿等因素的影响，即不同因素影响到顾客归因判断，并影响顾客对服务产生的反应。宋亦平等（2005）在服务失误的研究中指出，在服务失误情境下不同的失误归因对顾客满意、再购买意愿及正面口碑传播意愿的影响不同。可见，对影响消费经历事件归因的不同，顾客的感知也有所不同，因此结合归因理论分析，本书认为，顾客期望作为顾客综合自身和商家因素对消费所做出的一种预期标准，顾客感知评价对顾客期望的影响不仅受到事件直接原因判定的影响，还会受到原因推测过程中归因类型的影响。

控制点归因用来判断事件原因的责任方，即将影响顾客消费经历事件的背后原因归属为企业原因或外部原因。Sunmee Choi 等（2008）在对服务失败的研究中认为，失败原因归因于外部要比归因为自己导致更高的消极反应。傅慧等（2014）以高星级酒店业为例，对服务失误以控制点归因为准则将失误责任划分为酒店因素、其他顾客因素以及顾客自身三个方面，探讨了补偿类型对三种服务失误归因的补偿满意度及补偿效果的修复机理。由此可知，影响消费感知事件的原因责任归属对顾客感知反应有较大不同，如果导致服务结果是商家的原因，那么对顾客的未来选择和反应影响增强，即顾客期望受到影响的可能性会更大。据此判断，顾客对体验评价结果的控制点归因可能会调节评价结果对顾客期望的影响。此外，内部归因判断可能让顾客认为商家为事件负主要责任。在顾客满意情境下，内部归因判断让顾客认为商家已经为事件负责，将导致更高的感知服务质量，从而内部归因的顾客期望大于外部归因的顾客期望；在顾客不满意情境下，外部归因判断可能让顾客弱化商家的责任承担感，以获得顾客的谅解，从而外部归因的顾客期望大于内部归因的顾客期望。综上提出假设如下：

H_2：顾客感知评价对顾客期望的影响受控制点归因的调节。

稳定性归因指事件原因是否是稳定的，其稳定程度决定事件再次出现的概率以及商家是否需要采取对应的措施控制事件的影响。Vazquez-Casielles（2007）在对服务失败的研究中认为，消费者进行稳定性归因将会增加其不满意度，并降低对该产品的推荐意愿和评价。如果导致服务结果的原因是稳定的，那么顾客可能判断此事件会经常出现，对未来选择和顾客反应影响也增强，即顾客期望受到影响的可能性会更大。据此判断，顾客对体验结果的稳定性归因可能会调节顾客感知评价结果对顾客期望的影响。此外，稳定性归因判断可能让顾客认为在未来的服务接触过程中，出现同样结果的概率较大，在顾客满意的情境下，稳定归因判断让顾客认为事件具有稳定可靠性，出现相同结果的可能性会更大，也将导致更高的顾客期望；在顾客不满意情境下，偶然归因判断增强顾客对事件的突发认知，可能获得顾客的谅解，从而偶然归因判断的顾客期望大于经常归因判断的顾客期望。综上提出假设如下：

H_3：顾客感知评价对顾客期望的影响受稳定性归因的调节。

可控性归因是指事件原因是否可以被人为控制。银成钺等（2011）对旅游业的研究证实了服务失误的可控性归因程度与顾客满意度和再惠顾意愿的负相关关系。Walton等（2012）在对医院服务失败的研究中指出，感知到原因的高可控性将增加顾客的不满。如果顾客认为导致服务结果的原因是可以控制的，那么顾客可能认为在未来的服务接触过程中，出现同样结果也一样可以被控制，对顾客的未来选择和反应的影响也就增强，则期望受到影响的可能性会更大。据此判断，顾客对体验结果的可控性归因可能会调节评价结果对顾客期望的影响。此外，如果顾客认为服务体验事件的原因是可控制的，那么可能会让顾客认为商家应该为事件做出必要的控制措施，在顾客满意的情境下，可控归因判断让顾客认为商家做到了必要的控制措施，进一步提高顾客期望；在顾客不满意情境下，可控性判断让顾客认为商家没有实施控制措施，即没有做到应尽的责任，顾客期望受到影响，从而不可控性判断的顾客期望大于可控判断的顾客期望。综上提出假设如下：

H_4：顾客感知评价对顾客期望的影响受可控性归因的调节。

8.4 实验设计与数据收集

餐饮业被大众所熟知，在国民生活中扮演着重要的角色，且可以将有形服务和无形服务很好地结合起来，所以本章选取餐饮业为调研背景研究顾客期望的影响机制问题，以期对餐饮及其他服务行业的发展有所帮助。

本章以餐饮服务行业为调研背景设计情境问卷，设计3组2×2实验，即顾客感知评价（满意、不满意）×控制点归因（服务企业因素、企业外因素）、顾客感知评价（满意、不满意）×稳定性归因（偶尔、经常）、顾客感知评价（满意、不满意）×可控性归因（可控、不可控）。

实验包括预实验和正式实验。预实验过程包括三个阶段：第一阶段，通过小组座谈的形式并结合定性研究确定服务经历类型，进行服务情境的描述；第二阶段，请营销学者和实践管理者针对服务情境的描述，判定情境的内容效度和区别效度，并进行修正和界定；第三阶段，利用管理及营销专业的学生进行前测以对归因情境描述进行有效性测试并完善。

有效的情境实验设计取决于实验背景的描述和变量的成功操控。我们从新浪、腾讯等门户网站的专门题材和热帖评论中，收集餐饮行业的题材报道，并集合知网、万方搜集餐饮服务等行业的相关文献，整理出了餐饮行业具有代表性的服务情境。为尽可能减少案例差异对结论带来的影响，我们对案例均使用化名并且严格进行筛选，案例要体现对归因和满意与否的操控并且内容具有客观性，避免出现描述主观感受的词语，如满意、不满意以及偶然、经常等词汇。结合实验设计中顾客服务经历的满意与否和不同归因的设定,我们通过数位营销专业教授、副教授以及企业管理专业硕士研究生进行小组座谈,设计出了12种情境的摘要性描述。

为保证情境设计合理有效,通过操控性检验来确保情境操控的有效性,让30名本科生及研究生阅读实验情境并判断每个情境中归因设置的问题项,例如:"该事件是餐厅内部因素造成""该事件是顾客因素造成";情境中对顾客消费经历的描述可以归为"满意的服务经历""不满意的服务经历"。通过被试对操控检验问题项的认同程度,来检测预先设计情境的内容效度和区别效度并给予更正,数次更正后经过再次测试,问题项的选择与情境问卷设计意图的匹配度为100%,则操控有效。

8.5 数据分析与结果讨论

8.5.1 研究一:顾客感知评价、顾客期望与控制点归因

8.5.1.1 实验过程

研究一是为了检验顾客感知评价对顾客期望的影响及控制点归因的调节效应,共设计四种情境问卷。问卷中的情境部分分为两段:第一段为餐厅背景资料介绍,第二段为情境描述。(调查问卷见附录Ⅷ、附录Ⅸ)

采用网络问卷和纸质问卷相结合的方式收集数据,为保证情境被有效理解,我们在问卷收集过程中以预先测量的问卷答题时间3分钟作为参考,小于此时间的情境答卷作为无效答卷,在网络问卷收集后台也做同样的时间限制处理。其中,网络问卷通过问卷网制作并通过朋友圈、QQ空间、群聊发放,纸质问卷在沈阳某高校在校大学生中发放。根据预先设置的问卷,参与网络问卷的每种情境下被试为30名,参与纸质问卷的每种情境下被试为12名。共发放问卷180份,有效问卷170份,问卷有效率达94.44%。

8.5.1.2 变量测量与样本基本特征描述

本研究中的因变量顾客期望主要参考 Claes Fornell、Michael D. Johnson 等(1996)的期望量表,即从整体质量感知期望水平、个人定制期望水平、服务可靠性期望水平这三个维度进行测量。问题项采用 Likert 5 点量

表测量，1 代表完全不同意，5 代表完全同意。

根据参与实验的有效被试统计，其中共有 72 名男性，占比 42.35%；学历测量项中专科和本科占比为 78.8%，受教育程度较高；职业测量项中学生占比 65.4%，18~25 岁和 26~35 岁分别占比 61.8% 和 26%，即被试以中青年学生为主；外出就餐比例测量项中频繁（每周）、经常（每月）、偶尔（几个月）分别占比 22.6%、30.4%、47%，则其中过半的被试者每月内均会外出就餐消费一次，说明具有较好的典型性。

8.5.1.3 数据分析

（1）信度和效度检验。为确保对变量进行有效的测量，利用 SPSS 22.0 对实验所得数据进行信度检验，顾客期望测量量表的 Cronbach's Alpha 系数为 0.836，大于 0.7 的可接受水平，说明研究量表具有较好的内部一致性，测量数据可靠稳定。对于量表的效度检验，因为本章依据是以往研究中成熟的量表，根据实际情况稍作改动，因此具有较好的内容效度。

（2）相关假设检验。首先对问卷中顾客期望问项得分加总取平均，计算出不同情境中的顾客期望均值和方差（见表 8-1）。此外，对满意与否两个维度的顾客期望均值进行独立样本 t 检验，均值双侧 t 检验的 p 值均小于 0.05，说明在顾客满意下的期望均值显著大于不满意情境下的期望均值。

表 8-1 研究一：顾客期望的均值和方差

满意与否	控制点归因情境	M	SD	满意与否	控制点归因情境	M	SD
满意	内因	4.66	0.42	不满意	内因	3.06	0.53
	外因	3.80	0.56		外因	3.20	0.52

为进一步分析对顾客期望的影响机制，以顾客期望为因变量，进行 2（满意/不满意）×2（内因/外因）的双因素方差分析。结果显示：顾客感知评价的主效应显著（$F=50.651$，$p<0.05$），说明感知评价满意与否的结果对顾客期望影响显著；控制点归因的主效应显著（$F=5.628$，$p<0.05$），说明事件原因的控制点归因判断对顾客期望的影响显著；顾客感知评价和控制点归因之间的交互项显著（$F=10.465$，$p<0.05$），说明两者之间交互

作用对顾客期望有显著影响,具有调节效应。综上,H_1、H_2 得到验证(见表8-2)。

表8-2 研究一:ANOVA 分析结果

自变量	均值	自由度	均方	F 值	p
满意与否		1	6.050	50.651***	0.000
满意	4.23				
不满意	3.13				
控制点归因		1	0.672	5.628*	0.031
内因	3.87				
外因	3.50				
满意与否*控制点归因		1	1.250	10.465**	0.005
误差		16	0.119		

注:* 表示 $p<0.05$;** 表示 $p<0.01$;*** 表示 $p<0.001$。

为进一步检验顾客满意与否情境下不同归因对期望的影响,本书分别对满意与否情境下控制点归因的两个维度所得到的顾客期望进行独立样本 t 检验,结果显示,满意情境下对应的顾客期望的 F 值为 0.060,Sig. 为 0.812,独立样本 t 检验 t 值为 3.833,$p<0.05$。结合图 8-2 可知,在顾客满意情境下,相对于外因判断,影响消费经历事件的内因判断的顾客期望值显著较大;不满意情境下对应的顾客期望的 F 值为 1.44,Sig. 为 0.264,独立样本 t 检验 t 值为 -0.632,$p>0.05$,即在顾客不满意情况下,影响顾客经历事件情境的内因判断、外因判断对顾客期望值变动的影响不显著。

8.5.2 研究二:顾客感知评价、顾客期望与稳定性归因

8.5.2.1 实验过程

研究二是为了检验顾客感知评价对顾客期望的影响及稳定性归因的调节效应,设计4种情境问卷。研究数据的收集方式及程序与研究一相同。共发放问卷180份,有效问卷165份,问卷有效率达91.67%。

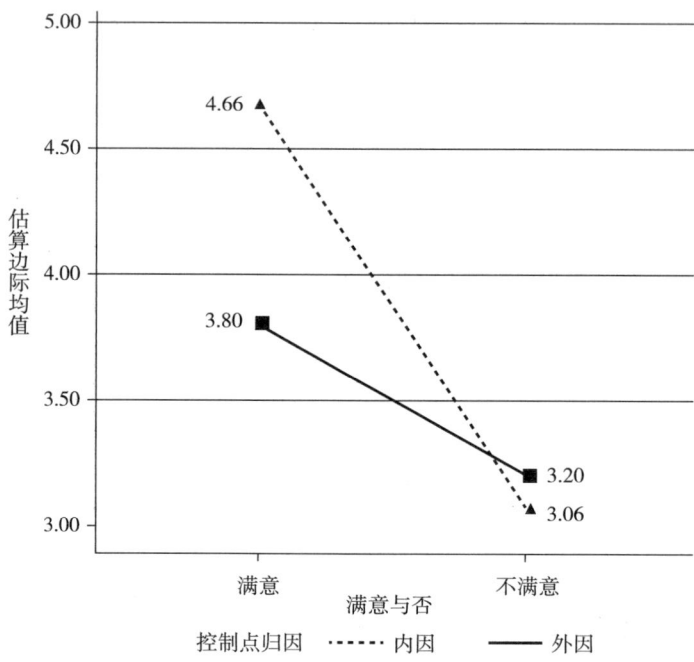

图 8-2 控制点归因情境下的顾客期望值

8.5.2.2 样本基本特征描述

根据参与实验的有效被试统计,其中共有 92 名男性,占比 55.76%;学历测量项中专科和本科占比为 73.40%,其受教育程度较高;职业测量项中学生占比 61.80%,18~25 岁和 26~35 岁分别占比 68.80% 和 22.00%,即被试以中青年学生为主;外出就餐比例测量项中频繁(每周)、经常(每月)、偶尔(几个月)分别占比 23.20%、31.40%、43.00%,则其中过半的被试者每月内均会外出就餐消费一次,说明具有较好的代表性。

8.5.2.3 数据分析

首先对问卷中顾客期望问项得分加总取平均,计算出不同情境中的顾客期望均值和方差(见表 8-3)。此外,对满意与否两个维度的顾客期望均值进行独立样本 t 检验,均值双侧 t 检验的 p 值均小于 0.05,说明在顾客满意下的期望均值显著大于不满意下的期望均值。

第 8 章 基于归因理论的顾客期望变更研究

表 8-3 研究二：顾客期望的均值和方差

满意与否	稳定性归因情境	M	SD	满意与否	稳定性归因情境	M	SD
满意	偶然	4.20	0.40	不满意	偶然	3.40	0.45
	经常	4.33	0.84		经常	2.53	0.45

为进一步分析顾客期望的影响机制，以顾客期望为因变量，进行 2（满意/不满意）×2（偶然/经常）的双因素方差分析。结果显示：顾客感知评价的主效应显著（F=63.375，p<0.05），说明感知评价满意与否的结果对顾客期望值的影响是显著的；稳定性归因的主效应显著（F=5.042，p<0.05），说明顾客经历事件原因的稳定性归因判断对顾客期望的影响显著；顾客感知评价和稳定性归因之间的交互项显著（F=9.375，p<0.05），说明两者之间交互作用对顾客期望有显著影响，具有调节效应。由此 H_1、H_3 得到验证（见表 8-4）。

表 8-4 研究二：ANOVA 分析结果

自变量	均值	自由度	均方	F 值	p
满意与否		1	8.450	63.375***	0.000
满意	4.2667				
不满意	2.9667				
稳定性归因		1	0.672	5.042*	0.039
偶然	3.8000				
经常	3.4333				
满意与否*稳定性归因		1	1.250	9.375**	0.007
误差		16	0.133		

注：* 表示 p<0.05；** 表示 p<0.01；*** 表示 p<0.001。

为进一步检验顾客满意与否情境下不同归因对期望的影响，我们分别对满意与否情境下稳定性归因的两个维度所得到的顾客期望数据进行独立样本 t 检验。结果显示，满意情境下对应的顾客期望的 F 值为 1.654，Sig. 为 0.234，独立样本 t 检验 t 值为-0.590，p>0.05，结合图 8-3 我们可以看出，在顾客满意下，影响顾客经历事件情境的偶然性判断、经常性判断对顾客期望值变动的影响不明显；不满意情境下对应的顾客期望的 F 值为 2.541，Sig. 为 0.15，独立样本 t 检验 t 值为 3.677，p<0.05，即在顾客不满意下，相对于经常归因判断，影响消费经历事件的偶然归因判断下的顾客期望值显著较大。

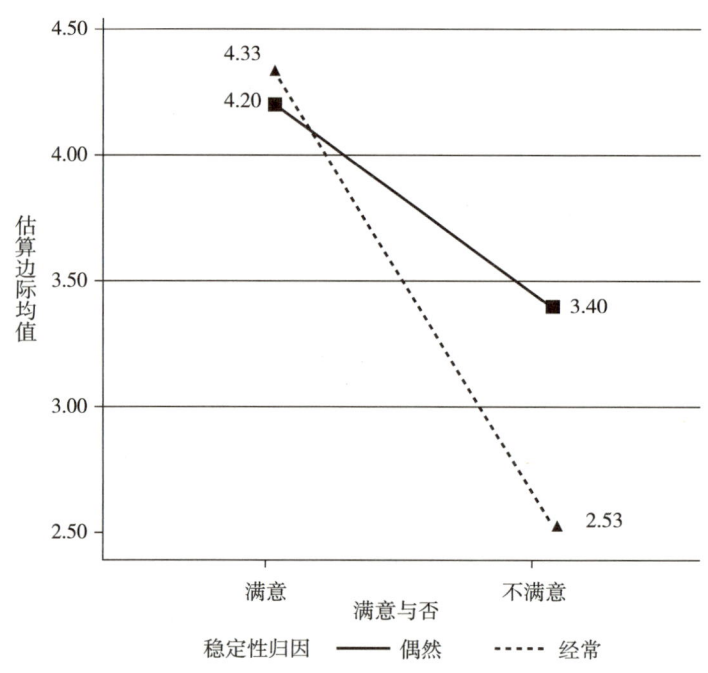

图 8-3　稳定性归因下的顾客期望值

8.5.3　研究三：顾客感知评价、顾客期望与可控性归因

8.5.3.1　实验过程

研究三是为了检验顾客感知评价对顾客期望的影响及可控性归因的调节效应，设置了四种情境问卷。研究数据的收集方式及程序与研究一相同。共发放问卷 180 份，其中有效问卷 168 份，问卷有效率达 93.33%。

8.5.3.2　样本基本特征描述

根据参与实验的有效被试统计，其中共有 74 名男性，占比 44.05%；

学历测量项中专科和本科占比为79.8%，受教育程度较高；职业测量项中学生占比为67.3%，18~25岁和26~35岁分别占比67.8%和23%，即被试以中青年学生为主；外出就餐比例测量项中频繁（每周）、经常（每月）、偶尔（几个月）分别占比22%、30.8%、46%，则其中过半的被试者每月内均会外出就餐消费一次，说明具有较好的代表性。

8.5.3.3 数据分析

首先对问卷中顾客期望问项得分加总取平均，计算出不同情境中的顾客期望均值和方差（见表8-5）。此外，对满意与否两个维度的顾客期望均值进行独立样本t检验，均值双侧t检验的p值均小于0.05，说明在顾客满意下的期望均值显著大于不满意情境下的期望均值。

表8-5 研究三：顾客期望的均值和方差

满意与否	可控性归因情境	M	SD	满意与否	可控性归因情境	M	SD
满意	可控	4.73	0.74	不满意	可控	1.60	0.45
	不可控	4.00	0.63		不可控	2.20	1.01

为进一步分析顾客期望的影响机制，以顾客期望为因变量，进行2（满意/不满意）×2（可控/不可控）的双因素方差分析。结果显示：顾客感知评价的主效应显著（F=163.463，p<0.05），说明顾客感知评价满意与否的结果对顾客期望的影响显著；可控性归因的主效应不显著（F=0.119，p>0.05），说明顾客经历事件的可控性归因判断对顾客期望的影响不显著；顾客感知评价和可控性归因之间的交互项显著（F=11.945，p<0.05），说明两者之间交互作用对顾客期望有显著影响，具有调节效应。由此H_1、H_4得到验证（见表8-6）。

表8-6 研究三：ANOVA分析结果

自变量	均值	自由度	均方	F值	p
满意与否		1	30.422	163.463***	0.000
满意	4.37				
不满意	1.90				

续表

自变量	均值	自由度	均方	F值	p
可控性归因		1	0.022	0.119	0.734
可控	3.17				
不可控	3.10				
满意与否 * 可控性归因		1	2.222	11.940**	0.003
误差		16	0.186		

注：* 表示 $p<0.05$；** 表示 $p<0.01$；*** 表示 $p<0.001$。

为进一步检验顾客满意与否情境下不同归因对期望的影响，我们分别对满意与否情境下可控性归因的两个维度所得到的顾客期望数据进行独立样本 t 检验，结果显示，满意情境下对应的顾客期望的 F 值为 3.097，Sig. 为 0.116，独立样本 t 检验 t 值为 2.157，$p>0.05$，结合图 8-4 我们可以看出，在顾客满意情境下，影响顾客经历事件情境的可控性、不可控性判断对顾客期望值变动的影响不明显，但是相对于不可控性判断，影响顾客经

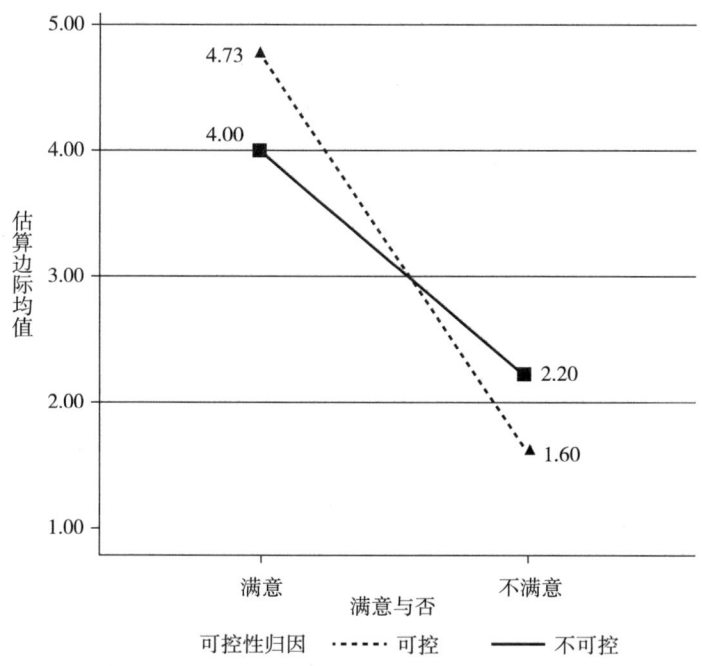

图 8-4 可控性归因情境下的顾客期望值

历事件的可控性判断可以提高顾客期望；不满意情境下对应的顾客期望的 F 值为 0.094，Sig. 为 0.767，独立样本 t 检验 t 值为 -3.286，$p<0.05$，即在顾客不满意情况下，相对于可控性判断，影响消费经历事件的不可控归因判断的顾客期望值显著较大。

8.6 结论

8.6.1 研究结论

本章将归因理论的应用扩展到顾客期望的影响研究中，得到如下结论：

（1）顾客感知评价对顾客期望有显著影响，即服务满意情境下的顾客期望值显著大于服务不满意情境下的顾客期望值。

（2）顾客感知评价对顾客期望的影响受到控制点、稳定性、可控性归因的调节作用。

（3）归因会影响顾客体验结果对顾客期望的效应，即高顾客感知评价时，内部归因判断可以显著提高顾客期望，经常性判断和可控性判断显著提高顾客期望没有得到检验；低顾客感知评价时，控制点外因判断提高顾客期望没有得到检验，偶然归因判断和不可控归因判断可以显著提高顾客期望。

8.6.2 管理建议

在服务运营过程中为顾客期望的引导与设定提供必要的指导和设计，通过一定的营销策略对顾客的期望进行有效的引导、设定和管理，有助于提高顾客服务体验，获取并保留顾客。总结以上分析，我们可以提出如下两点建议：

（1）当顾客对服务结果满意时，顾客期望相对较高，顾客对服务结果的满意代表对商家服务的肯定，但这样也为下次服务树立了"榜样"，为避免期望"节节高升"而给商家带来的经营压力，商家有必要在服务沟通中对顾客给予一些暗示性的提醒，例如让顾客对服务进行外部归因的判断，这样可以避免顾客在之后的服务过程中出现期望越大失望越大的现象，以实现在顾客期望不提升的情况下赋予顾客满意感。此外，可以在经营过程中培养顾客对服务的内部归因、经常归因和可控归因的感知归因判断，有利于提升顾客满意度和感知服务质量，以培养顾客的忠诚度。

（2）当顾客对服务结果不满意时，顾客期望值下降，顾客很有可能会在以后的消费中放弃对商家的选择，因此商家为避免失去顾客，此时应提供一些线索让顾客进行偶然归因判断，并及时解释以求得谅解，以便在顾客对服务不满意的情况下尽可能地提高顾客期望，留住顾客。

8.6.3 研究不足与展望

本次研究也存在以下不足：

（1）研究数据的获得主要是依靠情境问卷，通过被试者的理解来回答问题，情境的被理解效果受到限制，未来研究可结合在餐饮实体店内对顾客发放问卷获得数据。

（2）未来研究可增加顾客再惠顾意愿等消费选择的变量测量，进一步验证服务消费后归因方式影响下的顾客期望对消费选择的影响。

（3）随着经济发展，服务行业服务内容也越来越多样化，不同的服务企业所提供的服务产品总是会有不同的服务属性组合而成，依据服务属性在满足顾客需求时发挥作用的大小分为高重要性属性与低重要性属性，未来研究可以结合服务属性的重要性程度来研究顾客期望的影响因素。

（4）本章只针对顾客感知评价的情境归因进行了探讨，并没有加入顾客期望修复应对策略，未来研究可加入顾客不满意情境下企业的期望修复应对策略，探讨顾客不满意情境下的期望修复应对策略的修复效果。

（5）很多企业在顾客接受服务后让其进行评价，未来研究可对评价的内容和方式进行创新。

第9章

结论与展望

本章总结了本书的主要结论和贡献,指出了本书研究的局限性,对未来研究方向提出了建议。

9.1 研究结论

本书通过实证研究探讨了顾客选择行为中的多期望作用模式及其更新,得出如下结论:

(1)在关于顾客选择行为中的期望模式探索研究中,得出:对于搜寻服务行业来说,消费者看重重要属性,偏向于选择重要属性突出的服务企业。对于家居体验服务行业来说,相关销售人员在向消费者介绍有关产品之前,应该通过一定渠道了解消费者的基本信息,根据消费者的基本情况,判断消费者是倾向于关注重要属性还是倾向于关注附属属性,以此来决定推销何种产品,或者据此确定在推销某种产品的过程中要更偏向于强调重要属性还是强调附属属性。

(2)在企业信息呈现方式、顾客认知需求与顾客期望关系的研究中,得出:信息载荷量对可能性期望有显著正向影响,对重要性期望的影响不显著。单双面信息对重要性期望的影响不显著,对可能性期望的影响并不总是显著负向的。消费信息图片对可能性期望与重要性期望有显著影响。顾客认知需求调节企业信息呈现方式与顾客期望间关系,重要性期望影响顾客对属性相关信息的关注数量。

(3)在顾客选择行为中顾客视角的影响因素分析中,通过探索负面在线评论对顾客在线选择行为的影响,得出:负面在线评论占比显著影响顾客在线选择意向。评论总数量对负面在线评论占比与顾客选择关系具有显著的调节作用。负面在线评论一致性显著影响顾客选择。负面化属性重要程度对负面在线评论一致性与顾客在线选择意向之间调节作用显著。时间距离对负面在线评论占比与顾客在线选择意向之间调节作用显著。时间距离对负面在线评论一致性与顾客在线选择意向之间调节作用显著。

（4）在基于归因理论的顾客期望变更研究中，得出：顾客感知评价对顾客期望有显著正向影响，即高顾客感知评价时的顾客期望值显著大于低顾客感知评价时的顾客期望值。顾客感知评价对顾客期望的影响受归因的调节作用。归因会影响顾客体验结果对顾客期望的效应，即高顾客感知评价时，内部归因判断可以显著提高顾客期望；低顾客感知评价时，偶然归因判断和不可控归因判断可以显著提高顾客期望。

9.2　研究贡献

本书的主要贡献有如下三个方面：

（1）提出基于服务属性的期望模式概念，将单一框架的研究思路推向多维框架。已有文献对期望的研究大多局限在单一框架下，仅有几篇文献在同一框架下使用多个期望。因为没有给出新的针对"组合期望"的概念，而缺少对期望间存在的相互作用问题进行检验。期望间存在相互作用的证明，反过来为多期望框架提供支持：很难剥离其他期望的干扰研究单一期望的效应，存在高阶的期望模式概念。在这一基础上，研究将期望指向明确转移到服务属性上，提出基于服务属性的期望模式概念：服务产品中所有服务属性在期望二维矩阵中的分布就是顾客对该服务产品的期望模式。并以多期望共同作用于顾客选择行为为突破口，从服务属性独特视角出发，充分阐释服务消费全过程中"信息—顾客认知—期望模式—选择行为"的心理过程机制。这些工作都是顾客选择行为、顾客期望理论现阶段尚未涉及的重要议题。本书实现了从服务属性视角下解读重要性期望与可能性期望的关系模式在服务消费全过程中的作用及更新机理。

（2）从信息视角拓展顾客期望模式的影响因素分析，特别检验其他顾客消费信息线索对顾客期望的作用过程。基于认知心理学和信息加工学探寻顾客期望模式的影响因素。将已有对顾客期望影响因素的研究视角拓展到顾客认知与信息加工层面。从服务接触中的信息来源与顾客信息加工特征出发，辩证性分析其他顾客提供的消费信息与企业提供的产品信息对顾客期望影响的差异，提示并唤起服务企业对其他顾客消费信息的展示、关注、管理与控制。在已有文献中，没有研究探索和发现对类别线索期望变更有负向作用的因素。其他顾客消费信息的双向作用效应如能得到证明，将解释现实生活中为什么会出现不合理但却能得到蔓延的消费现象的原因。

（3）应用归因理论验证顾客评价对期望模式更新的影响。回顾文献可知，现有成果只限于发现并在较长时间后观察顾客期望的变化。在期望动态性研究中得出两类与常理相悖的结论：经历正向不确认期望提升，经历负向不确认期望不变。本书指出，期望的变更是有条件的，不是永续提升也不是长期不变的，而是会受到对评价结果归因过程的影响；验证了服务消费后顾客评价对期望模式变更的影响，及重要性期望存在的过滤与屏蔽信息的作用对可能性期望的影响；关注并收集服务接触过程中，服务体验的顾客评价结果对顾客期望模式变更的影响，为服务运营过程中期望模式的引导与设定提供必要的指导。

9.3 研究局限性与未来研究方向

9.3.1 研究局限性

（1）在顾客自然信息特征，以及服务行业类别、认知需求与顾客选择行为的两个调研中（第4章与第5章部分内容）由于时间关系，调研的样本数量不够大，相关结论的普适性有待进一步在不同情境与大样本检验中验证。

（2）在企业信息呈现、顾客认知需求与顾客期望模式研究中，对信息载荷量的设计研究，我们提到信息载荷量不仅仅指信息数量的多少，还有表面信息背后包含的深意。本书只是针对信息数量的多少进行了分析，而且迄今为止，对信息数量的多少没有一个明确的界定，结论中显示信息数量较多时顾客期望较高，但是这也有一个临界点，当信息数量超过临界点后顾客期望不一定会继续提高。因此，在一定范围内对信息数量的设计存在一定的局限。另外，本书选取的实验材料较为单一，餐饮业未必能代表所有企业的属性特征，实验参与者也仅限于在校大学生，大学生群体的认知需求水平普遍较高，在一定程度上影响了研究结论的普适性。在未来研究中，应充分考虑以上问题，就企业信息呈现方式对顾客期望的影响机制做更深入和系统的研究。

（3）在顾客负面评论信息、顾客期望与顾客选择行为研究中，第一，研究变量局限性。负面在线评论对顾客在线选择意向的影响因素有很多，如评论者的特征、评论特征、评论接受者特征、市场环境等，但由于时间、精力等方面的局限，本书主要从评论特征的角度研究负面在线评论对顾客在线选择意向的作用机理，其他可能影响顾客感知负面在线评论行为的因素，如评论者专业程度、负面在线评论数量、负面在线评论的质量、评论接受者卷入度未做深入探讨。第二，研究对象的局限性。本书仅锁定服装行业，虽然网购产品中服装具有代表性，但是对于其他商品实证研究的相关结论可能与服装这种产品有所差异，因此研究的普遍性有待检验和考察。

（4）在基于归因理论的顾客感知评价对顾客期望的影响研究中，研究数据的获得主要是依靠情境问卷，通过被试者的理解来回答问题，情境的被理解效果受到限制，未来研究可结合在餐饮实体店内对顾客发放问卷获得数据。本书只针对顾客感知评价的情境归因进行了探讨，并没有加入顾客期望修复应对策略，未来研究可加入顾客不满意情境下企业的期望修复应对策略，探讨顾客不满意情境下的期望修复应对策略的修复效果。

9.3.2 未来研究方向

（1）多维期望的影响因素有待于在多种环境下进行检验。在未来的研究中，有必要针对不同类型的企业信息呈现方式做深入探索。例如，随着移动 App 应用的日益广泛，在这一情景下的 App 信息呈现方式对多维期望的影响如何？

（2）本书只在顾客选择行为中检验了企业信息呈现、顾客评价信息、顾客归因、顾客认知需求对重要性期望与可能性期望的影响，而多期望模式对顾客的评价行为等影响并未做探讨，未来应进一步扩展对不同领域的多期望作用模式的检验。

参考文献

[1] Aaker J L. Bringing The Frame into Focus: The Influence of Regulatory Fit on Processing Fluency and Persuasion [J]. Journal of Personality and Social Psychology, 2004, 86 (2): 205-218.

[2] Adams J S. Inequity in Social Exchange [M]. In L. Berkowitz (Ed.), Advances in Experimental Social Psychology, New York: Academic Press, 1965 (2): 267-299.

[3] Ahluwalia R, Burnkrant R E, Unnava H R. Consumer Response to Negative Publicity: The Moderating Role of Commitment [J]. Journal of Marketing Research, 2000, 37 (2): 203-214.

[4] Akbaba A. Measuring Service Quality in The Hotel Industry: A Study in A Business Hotel in Turkey [J]. International Journal of Hospitality Management, 2006, 25 (2): 170-192.

[5] Anderson K, Eugene W, Sullivan M W. The Antecedents and Consequences of Customer Satisfaction for Firms [J]. Marketing Science, 1993, 12 (2): 125-143.

[6] Andrade E B. Behavioral Consequences of Affect: Combining Evaluative and Regulatory Mechanisms [J]. Journal of Consumer Research, 2005, 32 (3): 355-362.

[7] Arasli H, Mehtap S S, Katircioglu S T. Customer Service Quailty in The Greek Cypriot Banking Industry [J]. Managing Service Quality, 2005, 15 (1): 41-56.

[8] Aydinoglu N Z, Cian L. Show Me The Product, Show Me The Model: Effect of Picture Type on Attitudes Toward Advertising [J]. Journal of Consumer Psychology, 2014, 24 (4): 506-519.

[9] Azmi M A, Maghzi A A. A Preliminary Study on Customer

Expectations of Hotel Hospitality: Influences of Personal and Hotel Factors [J]. International Journal of Hospitality Management, 2012 (31): 191-198.

[10] Baker D A, Fesenmaier D R. Effects of Service Climate on Managers' and Employees' Rating of Visitors' Service Quality Expectations [J]. Journal of Travel Research, 1997, 36 (15): 15-22.

[11] Ba S, Pavlou P A. Evidence of The Effect of Trust Building Technology in Electronic Markets: Price Premiums and Buyer Behavior [J]. MIS Quarterly, 2002, 26 (3): 243-268.

[12] Basuroy S, Chatterjee S, Ravid S A. How Critical Are Critical Reviews? The Box Office Effects of Film Critics, Star Power, and Budgets [J]. Journal of Marketing, 2003, 67 (4): 103-117.

[13] Benedicktus R L. The Effects of 3rd Party Consensus Information on Service Expectations and Online Trust [J]. Journal of Business Research, 2011 (64): 846-853.

[14] Berger J, Fitzsimons G. Dogs on The Street, Pumas on Your Feet: How Cues in The Environment Influence Product Evaluation and Choice [J]. Journal of Marketing Research, 2008, 45 (1): 1-14.

[15] Bernard Weiner. A Cognitive (Attribution) -Emotion-Action Model of Motivated Behavior: An Analysis of Judgments of Help-Giving [J]. Journal of Personality and Social Psychology, 1980, 39 (2): 186.

[16] Bettman J R. Memory Factors in Consumer Choice: A Review [J]. Journal of Marketing, 1979 (4): 37-53.

[17] Bickart B, Schindler R M. Internet Forums as Influential Sources of Consumer Information [J]. Journal of Interactive Marketing, 2001, 15 (3): 31-40.

[18] Bigne J E, Andreu L, Gnoth J. The Theme Park Experience: An Analysis of Pleasure, Arousal and Satisfaction [J]. Tourism Management, 2005 (26): 833-844.

[19] Bigne J E, Mattila A S, Andreu L. The Impact of Experiential Consumption Cognitions and Emotions on Behavioral Intentions [J]. Journal of Services Marketing, 2008, 22 (4): 303-315.

[20] Biswas D, Biswas A. The Diagnostic Role Signals in The Contest of

Perceived Risks in Online Shopping: Do Signals Matter More on The Web? [J]. Journal of Interactive Marketing, 2004, 18 (3): 30-45.

[21] Bitner, Mary Jo. Evaluating Service Encounters: The Effects of Physical Surroundings and Employee Responses [J]. Journal of Marketing, 1990, 54 (2): 69-82.

[22] Bolton R N, Drew J H. A Longitudinal Analysis of the Impact of Service Changes on Customer Attitudes [J]. Journal of Marketing, 1991 (55): 1-9.

[23] Bosque I A R, Martin H S, Collado J. The Role of Expectations in the Consumer Satisfaction Formation Process: Empirical Evidence in The Travel Agency Sector [J]. Tourism Management, 2006 (27): 410-419.

[24] Boulding W, Kalra A, Staelin R, et al. A Dynamic Process Model of Service Quality: From Expectations to Behavioral Intentions [J]. Journal of Marketing Research, 1993, 30 (2): 7-27.

[25] Brady M K, Cronin J J. Customer Orientation: Effects on Customer Service Perceptions and Outcome Behaviors [J]. Journal of Service Research, 2001, 3 (3): 241-251.

[26] Brechan I. The Different Effect of Primary and Secondary Product Attributes on Customer Satisfaction [J]. Journal of Economic Psychology, 2006 (27): 441-458.

[27] Brown T J, Churchill G A, Peter J P. Caution in The Use of Difference Scores in Consumer Research [J]. Journal of Consumer Research, 1993, 19 (4): 655-662.

[28] Burke K G, Kovar S E, Prenshaw P J. Understanding The Satisfaction Process for New Assurance Services: The Role of Attitudes, Expectations, Disconfirmation and Performance [J]. Advances in Accounting, 2003 (20): 43-75.

[29] Cacioppo J T, Petty R E, Feinstein J A, Jarvis B G. Dispositional Differences in Cognitive Motivation: The Life and Times of Individuals Varying in Need for Cognition [J]. Psychological Bulletin, 1996, 199 (2): 197-253.

[30] Cacioppo J T, Petty R E, Kao CF. The Efficient Assessment of Need for Cognition [J]. Journal of Personality Assessment, 1984, 35 (3):

306-307.

[31] Cacioppo J T, Petty R E. The Need for Cognition [J]. Journal of Personality and Social Psychology, 1982, 42 (1): 116-131.

[32] Cadotte E R, Woodruff R B, Jenkins R L. Expectations and Norms in Models of Consumer Satisfaction [J]. Journal of Marketing Research, 1987 (24): 305-314.

[33] Caro L M, Garcia J A M. Cognitive-affective Model of Consumer Satisfaction. An Exploratory Study within The Framework of a Sporting Event [J]. Journal of Business Research, 2007 (60): 108-114.

[34] Chang H H, Wu L H. An Examination of Negative e-WOM Adoption: Brand Commitment as A Moderator [J]. Decision Support Systems, 2014, 59 (1): 206-218.

[35] Chatterjee P. Online Reviews: Do Consumers Use Them? [J]. Social Science Electronic Publishing, 2006 (28): 129-134.

[36] Chevalier J A, Mayzlin D. The Effect of Word of Mouth on Sales: Online Book Reviews [J]. Journal of Marketing Research, 2006, 43 (3): 345-354.

[37] Chia-Chi Chang. When Service Fails: The Role of The Salesperson and The Customer [J]. Psychology & Marketing, 2006, 23 (3): 203-224.

[38] Chiou J, Cheng C. Should A Company Have Message Boards on Its Web Sites? [J]. Journal of Interactive Marketing, 2003 (17): 50-61.

[39] Churchill G A, Surprenant C. A Investigation into The Determinants of Customer Satisfaction [J]. Journal of Marketing Research, 1982, 19 (November): 491-504.

[40] Clow K E, Kurtz D L, Ozment J. A Longitudinal Study of The Stability of Consumer Expectations of Services [J]. Journal of Business Research, 1988 (42): 63-73.

[41] Coyle J R, Thorson E. The Effects of Progressive Levels of Interactivity and Vividness in Web Marketing Sites [J]. Journal of Interactive Advertising, 2001, 30 (3): 65-77.

[42] Cronin J J, Taylor S A. SERVPERF versus SERVQUAL: Reconciling Performance-based and Perceptions—Minus-Expectations Measurement of

Service Quality [J]. Journal of Marketing, 1994, 58 (1): 125-131.

[43] Crowley A E, Hoyer W D. An Integrative Framework for Understanding Two – sided Persuasion [J]. Journal of Consumer Research, 1994, 20 (4): 561-574.

[44] Cushing P. The Effect of People Product Relationships on Advertising Processing, in: L. Alwitt, A. Mitchell (Eds.), Psychological Process and Advertising Effects, Erlbaum, Hillsdale, NJ, 1985: 241-259.

[45] Dabholkar P A, Shepherd C D, Thorpe D I. A Comprehensive Framework for Service Quality: An Investigation of Critical Conceptual and Measurement Issues through A Longitudinal Study [J]. Journal of Retailing, 2000, 76 (2): 139-173.

[46] Dabholkar P A. The Convergence of Customer Satisfaction and Service Quality Evaluations with Increasing Customer Patronage [J]. Journal of Consumer Satisfaction, Dissatisfaction Complaining Behavior, 1995 (8): 32-43.

[47] Dabholkar P, Thorpe D I and Rentz J O. A Measure of Service Quality for Retail Stores: Scale Development and Validation [J]. Journal of the Academy of Marketing Science, 1996, 24 (1): 3-16.

[48] Darke P R, Ashworth L, Main K J. Great Expectations and Broken Promises: Misleading Claims, Product Failure, Expectancy Disconfirmation and Consumer Distrust [J]. The Journal of Academy of Marketing Science, 2010 (38): 347-362.

[49] Debra L Shapiro. The Effects of Explanations on Negative Reactions to Deceit [J]. Administrative Science Quarterly, 1991, 36 (4): 614-630.

[50] Dehua Hu, Dan Che. Developing The Information-seeking Behavior Sacle for Undergraduates [J]. Chinese Journal of Library and Information Science, 2013, 6 (1): 78-96.

[51] Dellarocas C, Narayan R. A Statistical Measure of A Population'Spropensity to Engage in Post-purchase Online Word-of-mouth [J]. Statistical Science, 2006, 21 (2): 277-285.

[52] Depaulo B M. Nonverbal Behavior and Self-presentation [J]. Psychological Bulletion, 1992, 111 (2): 203-243.

[53] Dholakia U M, Bagozzi R P, Pearob L K. A Social Influence Model

of Consumer Participation in Network and Small – group – based Virtual Communities [J]. International Journal of Research in Marketing, 2004 (3): 241-263.

[54] Diehl K, Poynor C. Great Expectations? Assortment Size, Expectations, and Satisfaction [J]. Journal of Marketing Research, 2010, 47 (April): 312-322.

[55] Doh S J, Hwang J S. How Consumers Evaluate eWOM (Electronic Word-of-Mouth) Messages [J]. Cyberpsychology & Behavior the Impact of the Internet Multimedia & Virtual Reality on Behavior & Society, 2009, 12 (2): 193-197.

[56] Dudley M G, Harris M J. To Think or Not to Think: The Moderating Role of Need for Cognition in Expectancy-consistent Impression Formation [J]. Personality and Individual Differences, 2003 (35): 1657-1667.

[57] Dutta K, Dutta A. Customer Expectations and Perceptions across The Indian Banking Industry and The Resultant Financial Implications [J]. Journal of Services Research, 2009, 9 (1): 31-50.

[58] Fornell C, Johnson M D. Differentiation as A Basis for Explaining Customer Satisfaction across Industries [J]. Journal of Economic Psychology, 1993 (14): 681-696.

[59] Fornell C, Michael D J, Anderson E W, et al. The American Customer Satisfaction Index: Nature Purpose and Findings [J]. Journal of Marketing, 1996 (60): 1-13.

[60] Frank B, Enkawa T. Economic Influences on Perceived Value, Quality Expectations and Customer Satisfaction [J]. International Journal of Consumer Studies, 2009 (32): 72-82.

[61] Gavriel M, Lillian L. The Delineation and Interactions of Normative and Predictive Expectations in Customer Satisfaction and Emotions [J]. Journal of Consumer Satisfaction, Dissatisfaction & Complaining Behavior, 2013 (26): 40-54.

[62] Golder P N, Mitra D, Moorman C. What is Quality? An Integrative Framework of Processes and States [J]. Journal of Marketing, 2012, 76 (July): 1-23.

[63] Gronroos C. Strategic Management and Marketing in the Service Sector [R]. Research Reports No. 8, Swedish School of Economics and Business Administration, Helsinki, 1982.

[64] Grossman R P, Wisenblit J Z. What We Know about Consumers' Color Choices [J]. Journal of Marketing Practice: Applied Marketing Science, 1999, 5 (3): 78-88.

[65] Grove S J, Fisk R P, John J. The Future of Services Marketing: Forecasts from Ten Services Experts [J]. Journal of Services Marketing, 2003, 17 (2): 107-121.

[66] Grove S J, Fisk R P. The Impact of Other Customers on Service Experiences: A Critical Incident Examination of "Getting Along" [J]. Journal of Retailing, 1997, 73 (1): 63-85.

[67] Gupta P, Harris J. How e-WOM Recommendations Influence Product Consideration and Quality of Choice: A Motivation to Process Information Perspective [J]. Journal of Business Research, 2010, 63 (s 9/10): 1041-1049.

[68] Hamer L O, Liu B S, Sudharshan D. The Effects of Intraencounter Changes in Expectations on Perceived Service Quality Models [J]. Journal of Service Research, 1999, 1 (3): 275-289.

[69] Harris K, Baron S. Consumer - to - Consumer Conversations in Service Settings [J]. Journal of Service Research, 2004, 6 (3): 287-303.

[70] Harris K, Baron S, Ratcliffe J. Customers as Oral Participants in A Service Setting [J]. Journal of Services Marketing, 1995, 9 (4): 64-76.

[71] Hays J M, Hill A V. A Preliminary Investigation of The Relationships between Employee Motivation/Vision, Service Learning, and Perceived Service Quality [J]. Journal of Operation Management, 2001 (19): 335-349.

[72] Heckman, James J. Building Bridges between Structural and Program Evaluation Approaches to Evaluating Policy [J]. Journal of Economic Literature, 2010, 48 (2): 356-398.

[73] Hekman D R, Aquino K, Owens B P, Mitchell R T, Leavitt K. An Examination of Whether and How Racial and Gender Biases Influence Customer Satisfaction [J]. Academy of Management Journal, 2010, 53 (2): 238-264.

[74] Henning-Thurau T, Gwinner K P, Walsh G, et al. Electronic Word-

of-mouth via Consumer Opinion Platforms: What Motives Consumers to Put Themselves on The Internet? [J]. Journal of Interactive Marketing, 2004, 18 (1): 38-52.

[75] Hess R L, Ganesan J S, Klein N M. Service Failure and Recovery: The Impact of Relationship Factors on Customer Satisfaction [J]. Journal of the Academy of Marketing Science, 2003, 31 (2): 127-145.

[76] Higgs B, Polonsky M J, Hollick M. Measuring Expectations: Forecast vs. Ideal Expectation. Does It Really Matter? [J]. Journal of Retailing and Consumer Services, 2005 (12): 49-64.

[77] Hillstrom A P, Yantis S. Visual Motion and Attentional Capture [J]. Perception and Psychophysics, 1994, 55 (4): 399-411.

[78] Hoch S J, Deighton J. Managing What Consumers Learn from Experience [J]. Journal of Marketing, 1989 (53): 1-20.

[79] Holloway B B, Beatty S E. Service Failure in Online Retailing: A Recovery Opportunity [J]. Journal of Service Research, 2003 (6): 92-105.

[80] Hong J, Sternthal B. The Effects of Consumer Priorknowledge and Processing Strategies on Judgments [J]. Journal of Marketing Research, 2010, 47 (2): 301-311.

[81] Ho T H, Zheng Y S. Setting Customer Expectation in Service Delivery: An Integrated Marketing-operations Perspective [J]. Management Science, 2004, 50 (4): 479-488.

[82] Jabnoun N, Khalifa A. A Customized Measure of Service Quality in The UAE [J]. Managing Service Quality, 2005, 15 (4): 374-388.

[83] Jacoby J, Donald E S, Carol A K. Brand Choice Behavior as A Function of Information Load [J]. Journal of Marketing Research, 1974 (11): 63-69.

[84] Johannes H, Sascha A, Christian S, Schneider J, Jan W. When Do Customers Get What They Expect? Understanding The Ambivalent Effects of Customers' Service Expectations on Satisfaction [J]. Journal of Service Research, 2016, 19 (4): 361-379.

[85] Johnson E J. Product Familiarity and Learning New Information [J]. Journal of Consumer Resrarch, 1984 (1): 542-548.

[86] Johnson M D, Nader G, Fornell C. Expectations, Perceived Performance, and Customer Satisfaction for a Complex Service: The Case of Bank Loans [J]. Journal of Economic Psychology, 1996 (17): 163-182.

[87] Jumin Lee, Do-Hyung Park, Ingoo Han. The Effect of Negative Online Consumer Reviews on Product Attitude: An Information Processing View [J]. Electronic Commerce Research and Applications, 2008 (7): 341-352.

[88] Kalyanaraman S, Sundar S S. The Psychological Appeal of Personalized Content in Web Portals: Does Customization Affect Attitudes and Behavior? [J]. Journal of Communication, 2006, 56 (1): 110-132.

[89] Kardes F R. Selective versus Comparative Processing [J]. Journal of Consumer Psychology, 2013, 23 (1): 150-153.

[90] Kenny D, Cook W. Partner Effects in Relationship Research: Conceptual Issues, Analytic Difficulties, and Illustrations [J]. Personal Relationships, 1999, 6 (4): 433-448.

[91] Kim M, Lennon S. The Effects of Visual and Verbal Information on Attitudes and Purchase Intentions in Internet Shopping [J]. Psychology and Marketing, 2008, 25 (2): 146-178.

[92] Klauer K C, Musch J. Does Sunshine Prime Loyal? Affective Priming in The Naming Task [J]. Quarterly Journal of Experimental Psychology, 2001 (54A): 727-751.

[93] Kopalle P K, Lehmann D R, Farley J U. Consumer Expectations and Culture: The Effect of Belief in Karma in India [J]. Journal of Consumer Research, 2010, 37 (August): 251-264.

[94] Kostyra D S, Reiner J, Natter M, et al. Decomposing The Effects of Online Customer Reviews on Brand, Price, and Product Attributes [J]. International Journal of Research in Marketing, 2016, 33 (1): 11-26.

[95] Kotler P. Marketing Management Millenium Edition, Tenth Edition [M]. Prentice-Hall, Inc., 2000.

[96] Krishnan H S, Smith R E. The Relative Endurance of Attitudes, Confidence, and Attitude-behavior Consistency: The Role of Information Source and Delay [J]. Journal of Consumer Psychology, 1998 (7): 273-298.

[97] Laczniak R N, DeCarlo T E, Ramaswami S N. Consumers' Re-

sponses to Negative Word-of-mouth Communication: An Attribution Theory Perspective [J]. Journal of Consumer Psychology, 2001, 11 (1): 57-73.

[98] Ladhari R. Alternative Measures of Service Quality: A Review [J]. Managing Service Quality, 2008, 18 (1): 65-86.

[99] Ladhari R, Pons F, Bressolles G, Zins M. Culture and Personal Values: How They Influence Perceived Service Quality [J]. Journal of Business Research, 2011 (64): 951-957.

[100] Laroche M, Bergeron J, Forleo G B. Targeting Consumers Who are Willing to Pay More for Environmentally Friendly Products [J]. Journal of Consumer Marketing, 2001, 18 (6): 503-520.

[101] Laroche M, Kalamas M, Cheikhrouhou S, Cezard A. An Assessment of The Dimensionality of Should and Will Service Expectations [J]. ASAC, 2004 (1): 361-374.

[102] Lasser W M, Manolis C, Winsor R D. Service Quality Perspectives and Satisfaction in Private Banking [J]. Journal of Services Marketing, 2000, 14 (3): 244-271.

[103] Lee A Y. The Prevalence of Meta-cognitive Routes to Judgment [J]. Journal of Consumer Psychology, 2004, 14 (4): 345-355.

[104] Lee J, Park D H, Han I. The Effect of Negative Online Consumer Reviews on Product Attitude: An Information Processing View [J]. Electronic Commerce Research and Applications, 2008 (7): 341-352.

[105] Lee M., Youn S. Electronic Word of Mouth: How eWOM Platform Influence Consumer Product Judgement [J]. International Journal of Advertising, 2009, 28 (3): 473-499.

[106] Levin L P, Gaeth G J. How Consumer Are Affected by The Framing of Attribute Information before and after Consuming The Product [J]. Journal of Consumer Research, 1988, 15 (3): 374-379.

[107] Li M X, Wei K K, Tayi G K, Tan C H. The Moderating Role of Information Load on Online Product Presentation [J]. Information & Management, 2016, 53 (4): 467-480.

[108] Lin C C, Tu R, Chen K A, Tu P. The Changing Expectations of Consumers in Cross-cultural Service Encounters [J]. International Management

Review, 2007, 3 (3): 27-37.

[109] Lin J S, Wu C Y. The Role of Expected Future Use in Relationship-based Service Retention [J]. Managing Service Quality, 2011, 21 (5): 535-551.

[110] Liu S, Law R, Rong J, Li G, Hall J. Analyzing Changes in Hotel Customers' Expectation by Trip Mode [J]. International Journal of Hospitality Management, 2013 (34): 359-371.

[111] Liu W H, Xie D. Quality Decision of The Logistics Service Supply Chain with Service Quality Guarantee [J]. International Journal of Production Research, 2013, 51 (5): 1618-1634.

[112] Lockwood A. Using Service Incidents to Identify Quality Improvement Points [J]. International Journal of Contemporary Hospitality Management, 1994, 6 (1/2): 75 - 80.

[113] Lord C, Rutter M, Couteur A. L. Autism Diagnostic Interview-Revised: A Revised Version of a Diagnostic Interview for Caregivers of Individuals with Possible Pervasive Developmental Disorders [J]. Journal of Autism and Developmental Disorders, 1994, 24 (5): 659-685.

[114] Maheswaran D, Sternthal B. The Effects of Knowledge, Motivation, and Type of Message on ad Processing and Product Judgments [J]. Journal of Consumer Research, 1990, 17 (1): 66-73.

[115] Mahmoudreza M, Malek A E, Danesh S, Hamed S. An Investigation of The Effects of Customer's Expectations and Perceived Quality on Customer's Loyalty with The Mediating Role of The Perceived Value and Customer's Satisfaction [J]. Journal of History, Culture & Art Research, 2016, 5 (4): 593-606.

[116] Markovic S. Expected Service Quality Measurement in Tourism Higher Education [J]. Nase Gospodarstvo, 2006, 52 (1): 86-95.

[117] Martinez J A, Martinez L. Some Insights on Conceptualizing and Measuring Service Quality [J]. Journal of Retailing and Consumer Services, 2010 (17): 29-42.

[118] Mattila A, Wirtz J. Arousal Expectations and Service Evaluations [J]. International Journal of Service Industry Management, 2006, 17 (3): 229-244.

[119] Mauria A G, Minazzi R. Web Reviews Influence on Expectations

and Purchasing Intentions of Hotel Potential Customers [J]. International Journal of Hospitality Management, 2013 (34): 99-107.

[120] Mauri A G, Minazzi R, Muccio S. A Review of Literature on The Gaps Model on Service Quality [J]. International Business Research, 2013, 6 (12): 134-144.

[121] Meng J, Summey J H, Kwong K K. Some Retail Service Quality Expectations of Chinese Shoppers [J]. International Journal of Market Research, 2009, 51 (6): 773-796.

[122] Meyer Levy, J. Maheswaran D. Exploring Differences in Males' and Females' Processing Strategies[J]. Journal of Consumer Research, 1991, 18 (1): 63-70.

[123] Meyer M B, Sonoda K T, Gudykunst W B. The Effect of Time Pressure and Type of Information on Decision Quality [J]. The Southern Communication Journal, 1997 (6): 280-292.

[124] Miller J A. Studying Satisfaction, Modifying Models, Eliciting Expectations, Posing Problems and Making Meaningful Measurements. In H. Keith Hunt (Ed.), Conceptualizations and Measurement of Consumer Satisfaction and Dissatisfaction, 1977: 72-91. Cambridge, MA: Marketing Science Institute.

[125] Mishina Y R, Dykes B J, Block E S, Pollock T G. Why "Good" Firms Do Bad Things: The Effects of High Aspirations, High Expectatons, and Prominence on The Incidence of Corporate Illegality [J]. Academy of Management Journal, 2010, 53 (4): 701-722.

[126] Mitra D, Fay S. Managing Service Expectations in Online Markets: A Signaling Theory of E-tailer Pricing and Empirical Tests [J]. Journal of Retailing, 2010, 86 (2): 184-199.

[127] Mudambi S M, Schuff D. What Makes a Help Review? A Study of Customer Reviews on Amazon. com [J]. MIS Quarterly, 2010, 34 (1): 185-200.

[128] Nadiri H, Kandampully J, Hussain K. Zone of Tolerance for Banks: A Diagnostic Model of Service Quality [J]. The Service Industries Journal, 2009, 29 (11): 1547-1564.

[129] Nam M, Wang J, Lee A. The Difference between Differences: Viewing Nonalignable Attributes through The Lens of Experts [Z]. Working

Paper, 2011.

[130] Naylor R W, Lamberton C P, Norton D A. Seeing Ourselves in Others: Reviewer Ambiguity, Egocentric Anchoring, and Persuasion [J]. Journal of Marketing Research, 2011, 48 (3): 617-631.

[131] Neeli I, Khan S N, Radic M. Histone Deimination as a Response to Inflammatory Stimuli in Neutrophils [J]. The Journal of Immunology, 2008 (180): 1895-1902.

[132] Neeru M, Mukherjee A. Analyzing The Commitment-service Quality Relationship: A Comparative Study of Retail Banking Call Centres and Branches [J]. Journal of Marketing Management, 2003, 19 (9): 941-971.

[133] Newman K. Interrogating SERVQUAL: A Critical Assessment of Service Quality Measurement in a High Street Retail Bank [J]. International Journal of Bank Marketing, 2001, 19 (3): 126-139.

[134] Nyer P. The Determinants of Satisfaction: An Experimental Verification of Moderating Role of Ambiguity [J]. Advances in Consumer Research, 1996 (23): 255-259.

[135] Oliver R L. A Cognitive Model of the Antecedent and Consequences of Satisfaction Decisions [J]. Journal of Marketing Research, 1980 (17): 460-469.

[136] Oliver R L. A Conceptual Model of Service Quality and Service Satisfaction: Compatible Goals, Different Concepts [J]. Advances in Service Marketing and Management, 1993 (2): 65-85.

[137] Oliver R L, Burke R R. Expectation Processes in Satisfaction Formation [J]. Journal of Service Research, 1999, 1 (3): 196-214.

[138] Oliver R L, DeSarbo W S. Response Determinants in Satisfaction Judgments [J]. Journal of Consumer Research, 1988, 14 (4): 495-507,

[139] Oliver R L, Swan J E. Equity and Disconfirmation Perceptions as Influences on Merchant and Product Satisfaction [J]. Journal of Consumer Research, 1989 (16): 372-383.

[140] Oliver R L, Winer R S. A Framework for the Formation and Structure of Consumer Expectations: Review and Propositions [J]. Journal of Economic Psychology, 1987, 8 (4): 469-499.

[141] Olshavsky R W, Kumar A. Revealing The Actual Roles of Expecta-

tions in Consumer Satisfaction with Experience and Credence Goods [J]. Journal of Consumer Satisfaction, Dissatisfaction and Complaining Behavior, 2001 (14): 60-73.

[142] Olshavsky R W, Miller J A. Consumer Expectations, Product Performance, and Perceived Product Quality [J]. Journal of Marketing Research, 1972 (9): 19-21.

[143] Olson J C, Dover B. Disconfirmation of Consumer Expectations through Product Trial [J]. Journal of Applied Psychology, 1979 (64): 179-189.

[144] Orth U R, Campana D, Malkewitz K. Formation of Consumer Price Expectation Based on Package Design: Attractive and Quality Routes [J]. Journal of Marketing Theory and Practice, 2010, 18 (1): 23-40.

[145] Palan K M, Teas R K. An Examination of Measurement Context and Representational Effects of Consumer Expectations [J]. Journal of Consumer Satisfaction Dissatisfaction and Complaining Behavior, 2005 (18): 68-93.

[146] Parasuraman A, Berry L L, Zeithaml V A. Understanding Customer Expectation of Service [J]. Sloan Management Review, 1991, 32 (Spring): 39-48.

[147] Parasuraman A, Zeithaml V A, Berry L L. Reassessment of Expectations as a Comparison Standard in Measuring Service Quality: Implications for Further Research [J]. Journal of Marketing, 1994 (58): 111-124.

[148] Parasuraman A, Zeithaml V, Berry L L. SERVQUAL, A-Multiple-item Scale for Measuring Consumer Perceptions of Service Quality [J]. Journal of Retailing, 1988, 64 (1): 12-40.

[149] Patterson P G, Johnson L W. Disconfirmation of Expectations and The Gap Model of Service Quality: An Integrated Paradigm [J]. Journal of Consumer Satisfaction, Dissatisfaction and Complaining Behavior, 1993 (6): 90-99.

[150] Phillips P, Barnes S, Zigan K, Schegg R. Understanding The Impact of Online Reviews on Hotel Performance: An Empirical Analysis [J]. Journal of Travel Research, 2017, 56 (2): 235-249.

[151] Poor M, Duhachek A, Krishnan J S. How Images of Other Consumers Influence Subsequent Taste Perceptions [J]. Journal of Marketing, 2013, 77 (September): 124-139.

[152] Poynor C, Wood S. Smart Subcategories: How Assortment Formats Influence Consumer Learning and Satisfaction [J]. Journal of Consumer Research, 2010 (37): 159-175.

[153] Raajpoot N. Reconceptualizing Service Encounter Quality in a Non-Western Context [J]. Journal of Service Research, 2004, 7 (2): 181-201.

[154] Raffaele Filieri. What Makes Online Reviews Helpful? A Diagnosticity-adoption Framework to Explain Informational and Normative Influences in e-WOM [J]. Journal of Business Research, 2015 (68): 1261-1270.

[155] Resnik A, Stern B L. Information Content in Television Advertising a Replication and Extension [J]. Joural of Advertising Research, 1991, 31 (2): 36-46.

[156] Riley M. Role Interpretation during Service Encounters: A Critical Review of Modern Approaches to Service Quality Management [J]. Hospitality Management, 2007, 26 (1): 409-420.

[157] Robert J Bies, Debra L Shapiro. Interactional Fairness Judgments: The Influence of Causal Accounts [J]. Social Justice Research, 1987, 1 (2): 199-218.

[158] Robert L. On The Negative Effects of E-commerce: A Social Cognitive Exploration of Unregulated Online Buying [J]. Journal of Computer Mediated Communication, 2001, 6 (3): 1-6.

[159] Rodolfo Vázquez-Casielles. Quality of Past Performance: Impact on Consumers Responses to Service Failure [J]. Marketing Letters, 2007, 18 (4): 249-264.

[160] Rozin P, Fallon A E. The Psychological Categorization of Foods and Nonfoods: A Preliminary Taxonomy of Food Rejections [J]. Appetite, 1980, 1 (3): 193-201.

[161] Satya S, Ganesan P, Ravichandran S. Consumer Expectation, Attitude, and User Occasion of Wellness Services and Its Effect on Wellness Center Loyalty [J]. The IUP Journal of Marketing Management, 2012, 11 (2): 27-45.

[162] Schick A G, Cordon L A, Haka S. Information Overload: A Temporal Approach [J]. Accounting Organizations and Society, 1990 (15): 199-220.

[163] Sen S, Lerman D. Why Are You Telling Me This? An Examination into Negative Consumer Reviews on The Web [J]. Journal of Interactive Marketing, 2007, 21 (4): 76-94.

[164] Seungoog Weun, Sharon E. Beatty, Michael A. Jones. The Impact of Service Failure Severity on Service Recovery Evaluations and Post-recovery Relationships [J]. Journal of Services Marketing, 2004, 18 (2): 33-146.

[165] Shankar M, Simons C, Mcclure B S S, et al. An Expectations-based Approach to Explaining the Cross-modal Influence of Color on Orthonasal Olfactory Identification: The Influence of the Degree of Discrepancy [J]. Attention, Perception, & Psychophysics, 2010, 72 (7): 1981-1993.

[166] Simonson I, Bettman J R, Kramer T, Payne J W. Comparison Selection: An Approach to The Study of Consumer Judgment and Choice [J]. Journal of Consumer Psychology, 2013, 23 (1): 137-149.

[167] Singh J. Consumer Complaint Intentions and Behavior [J]. Journal of Marketing, 1988, 52 (1): 93-107.

[168] Smith A K, Bolton R N, Wagner J. A Model of Customer Satisfaction with Servicemen Counters Involving Failure and Recovery [J]. Journal of Marketing Research, 1999, 36 (8): 356-372.

[169] Snipes R L, Oswald S L, Latour M, Armenakis A A. The Effects of Specific Job Satisfaction Facets on Customer Perceptions of Service Quality: An Employee-level Analysis [J]. Journal of Business research, 2005 (58) 1330-1339.

[170] Soderlund M. Customer Familiarity and Its Effects on Satisfaction and Behavioral Intentions [J]. Psychology & Marketing, 2002, 19 (10): 861-879.

[171] Solomon M R, Surprenant C, Czepiel J A, Gutman E G. A Role Theory Perspective on Dyadic Interactions: The Service Encounter [J], Journal of Marketing, 1985 (49): 99-111.

[172] Song S S, Kim M. Does More Mean Better? An Examination of Visual Product Presentation in E-retailing [J]. Journal of Electronic Commerce Research, 2012, 13 (3): 345-355.

[173] Spreng R A, Droge C. The Impact on Satisfaction of Managing Attribute Expectations: Should Performance Claims be Understated or Overstated?

[J]. Journal of Retailing and Consumer Services, 2001 (8): 261-274.

[174] Spreng R A, Mackoy R D. An Empirical Examination of a Model of Perceived Service Quality and Satisfaction [J]. Journal of Retailing, 1996, 72 (2): 201-214.

[175] Spreng R A, Page T J. The Impact of Confidence in Expectations on Consumer Satisfaction [J]. Psychology & Marketing, 2001, 18 (11): 1187-1204.

[176] Summers J O, Granbois D H. Predictive and Normative Expectations in Consumer Dissatisfaction and Complaining Behavior [J]. Advances in Consumer Research, 1997 (4): 155-158.

[177] Sureshchandar G S, Rajendran C, Anantharaman R N. Determinants of Customer-perceived Service Quality: A Confirmatory Factor Analysis Approach [J]. Journal of Services Marketing, 2002, 16 (1): 9-34.

[178] Surprenant C F, Solomon M R. Predictability and Personalization in The Service Encounter [J]. Journal of Marketing, 1987 (51): 86-96.

[179] Svensson G. New Aspects of Research into Service Encounters and Service Quality [J]. International Journal of Service Industry Management, 2006, 17 (3): 245-257.

[180] Swan J E, Trawick F I. Disconfirmation of Expectations and Satisfaction with a Retail Service [J]. Journal of Retailing, 1981, 57 (Fall): 49-67.

[181] Tam J L M. Examining The Dynamics of Consumer Expectations in a Chinese Context [J]. Journal of Business Research, 2005 (58): 777-786.

[182] Teas R K. Consumer Expectations and The Measurement of Perceived Service Quality [J]. Journal of Professional Services Marketing, 1993, 8 (2): 33-54.

[183] Teas R K. Expectations as a Comparison Standard in Measuring Service Quality: An Aassessment of a Reassessment [J]. Journal of Marketing, 1994, 58 (1): 132-139.

[184] Thomas J V, Jennifer J T. Public Information for The Assessment of Quality: A Widespread Social Phenomenon [J]. The Royal Society, 2002 (10): 1549-1557.

[185] Tolman E C. Purposive Behaviorism [C]. In W. O'Donohue & R.

Kitchener (Eds.), Handbook of behaviorism, San Diego, CA, US: Academic Press, 1999: 97-117.

[186] Tse D K, Wilton P C. Models of Consumer Satisfaction Formation: An Extension [J]. Journal of Marketing Research, 1988 (25): 204-212.

[187] Vermeir I, Verbeke W. Sustainable Food Consumption: Exploring the Consumer "Attitude-Behavioral Intention" Gap [J]. Journal of Agricultural and Environmental Ethics, 2006, 19 (2): 169-194.

[188] Voss G B, Parasuraman A, Grewal D. The Roles of Price, Performance and Expectations in Determining Satisfaction in Service Exchanges [J]. Journal of Marketing, 1998, 62 (October): 46-61.

[189] Walker J, Baker J. An Exploratory Study of a Multi-expectation Framework for Services [J]. Journal of Services Marketing, 2000, 14 (5): 411-431.

[190] Walton, Andrea, Hume, Margee. Examining Public Hospital Service Failure: The Influence of Service Failure Type, Service Expectation, and Attribution on Consumer Response [J]. Journal of Nonprofit & Public Sector Marketing, 2012, 24 (3): 202-221.

[191] Weiner B. An Attributional Theory of Achievement Motivation and Emotion [J]. Psychological Review, 1985, 92 (4): 548-573.

[192] Weiner B. A Theory of Motivation for Some Classroom Experiences [J]. Journal of Educational Psychology, 1979, 71 (1): 3-25.

[193] Weiyin Hong. Designing Product Listing Pages on E-commerce Websites: An Examination of Presentation Mode and Information Format [J]. International Journal of Human-computer Studies, 2004 (61): 481-503.

[194] Wenhua Shi, Jingyi Liu, Ying Zhang. The Effect of Service Failure Attribution on Consumer Complaint Behavior: The Mediating Role of Negative Emotion [J]. Journal of China Universities of Posts & Telecommunications, 2011, 18 (10): 169-173.

[195] Wetzer I M, Zeelenberg M, Pieters R. Never Eat in That Restaurant, I Did Exploring Why People Engage in Negative Word-of-mouth Communication [J]. Psychology & Marketing, 2007, 24 (8): 661-680.

[196] Woodruff R B, Cadotte E R, Jenkins R L. Modeling Consumer Sat-

isfaction Processes Using Experience-based Norms [J]. Journal of Marketing Research, 1983 (20): 296-304.

[197] Wood W, Hayes T. Social Influence on Consumer Decisions: Motives, Modes, and Consequences [J]. Journal of Consumer Psychology, 2012 (22): 324-328.

[198] Wu. The Antecedents of Customer Satisfaction and Its Link to Complaint Intentions in Online Shopping: An Integration of Justice, Technology, and Trust [J]. International Journal of Information Management, 2013 (33): 166-176.

[199] Wyer R S J. Procedural Influences on Judgments and Behavioral Decisions [J]. Journal of Consumer Psychology, 2011 (21): 424-438.

[200] Yan R N, Yurchisin J, Watchravesringkan K. Does Formality Matter? Effects of Employee Clothing Formality on Consumers' Service Quality Expectations and Store Image Perceptions [J]. International Journal of Retail & Distribution Management, 2011, 39 (5): 346-362.

[201] Yilmaz I. Do Hotel Customers Use a Multi-expectation Framework in The Evaluation of Services? [J]. Tourism and Hospitality Research, 2010, 10 (1): 59-69.

[202] Yi Y, La S. What Influences The Relationship between Customer Satisfaction and Repurchase Intention? Investigating The Effects of Adjusted Expectations and Customer Loyalty [J]. Psychology & Marketing, 2004, 21 (5): 351-373.

[203] Yi Y. The Determinants of Consumer Satisfaction: The Moderating Role of Ambiguity [J]. Advances in Consumer Research, 1993 (20): 502-506.

[204] Yoo J, Kim M. The Effects of Online Product Presentation on Consumer Responses: A Mental Imagery Perspective [J]. Journal of Business Research, 2014, 67 (11): 2464-2472.

[205] You T, Li L, Cao B. Study on Recommended Trust Evaluation Model in C2C E-commerce Considering Consumer Purchasing Preference [C]. Information Science and Management Engineering, 2010.

[206] Yuan Gao. Linking Information Content Presentation Attributes and System Design Features with Consumer Attitudes in Hypermedia Commercial

Presentations [M]. New York: City University of New York, 2002.

[207] Yuan H, Han S. The Effects of Consumers' Price Expectations on Sellers' Dynamic Pricing Strategies [J]. Journal of Marketing Research, 2011, 48 (February): 48-61.

[208] Zeithaml V A, Berry L L, Parasuraman A. The Nature and Determinants of Customer Expectations of Service [J]. Journal of The Academy of Marketing Science, 1993, 21 (1): 1-21.

[209] Zhang L, Wu L, Mattile A S. Online Reviews: The Role of Information Load and Peripheral Factors [J]. Journal of Travel Research, 2016, 55 (3): 299-310.

[210] Zhu F, Zhang X. Impact of Online Consumer Reviews on Sales: The Moderating Role of Product and Consumer Characteristics [J]. Journal of Marketing A Quarterly Publication of the American Marketing Association, 2010, 74 (2): 133-148.

[211] 白雪. 餐饮类位置信息服务的消费者信息检索行为研究 [D]. 华南理工大学硕士学位论文, 2012.

[212] 陈可, 涂荣庭. 服务补救效果的双期望理论: 动态的视角 [J]. 管理评论, 2009, 21 (1): 53-58.

[213] 陈漫, 张新国, 王峰. 在线评论中的属性不一致性对产品销售的影响 [J]. 华东经济管理, 2015 (5): 147-153.

[214] 陈美丽. 负面网络口碑对消费者产品态度的影响研究 [D]. 华中科技大学硕士学位论文, 2011.

[215] 代祺, 梁樑. 单面与双面信息广告重复效应的实证研究 [J]. 管理学报, 2011, 8 (4): 544-551.

[216] 丁道群, 罗扬眉. 认知风格和信息呈现方式对学习者认知负荷的影响 [J]. 心理学探新, 2009, 29 (3): 37-40, 68.

[217] 范钧, 沈东强, 林帆. 网店商品图片信息对顾客购买意愿的影响——产品类型的调节效应 [J]. 营销科学学报, 2014, 10 (4): 97-108.

[218] 付秋林. 交互式环境下健康信息用户认知需求量表的编制 [D]. 吉林大学硕士学位论文, 2015.

[219] 韩亮. 上海餐饮业消费者行为研究——以PJ公司为例 [D]. 上海交通大学硕士学位论文, 2009.

［220］郝晨. 用户在图片社交网站购买意愿影响因素分析［D］. 北京邮电大学硕士学位论文，2013.

［221］郝媛媛，叶强，李一军. 基于影评数据的在线评论有用性影响因素研究［J］. 管理科学学报，2010，13（8）：78-88.

［222］郝媛媛. 在线评论对消费者感知与购买行为影响的实证研究［D］. 哈尔滨工业大学博士学位论文，2010.

［223］侯杰泰，温忠麟，成子娟. 结构方程模型及其应用［M］. 北京：教育科学出版社，2004.

［224］黄静，郭昱琅，熊小明，王伊礼. 在线图片呈现顺序对消费者购买意愿的影响研究——基于信息处理模式视角［J］. 营销科学学报，2016，12（1）：51-69.

［225］景奉杰，余樱，涂铭. 产品属性与顾客满意度纵向关系演变机制：享乐适应视角［J］. 管理科学，2014，27（3）：94-104.

［226］柯青. 网络消费者购买行为模式研究［D］. 华中师范大学硕士学位论文，2004.

［227］邝怡，施俊琦，蔡雅琦，王垒. 大学生认知需求量表的修订［J］. 中国心理卫生杂志，2005，19（1）：57-60.

［228］李宏，喻葵，夏景波. 负面在线评论对消费者网络购买决策的影响：一个实验研究［J］. 情报杂志，2011，30（5）：202-206.

［229］李慢，马钦海，赵晓煜. 网络服务场景对在线体验及行为意向的作用研究［J］. 管理科学，2014，27（4）：86-96.

［230］李玉萍，崔丙群. 基于归因理论的顾客重复购买意愿研究［J］. 商业研究，2015（458）：120-125.

［231］梁剑寒. 商家负面评论反馈对顾客购买意愿的影响——基于归因视角的研究［D］. 厦门大学硕士学位论文，2014.

［232］刘丽. 负面在线评论对消费者购买意愿的影响研究［D］. 重庆工商大学硕士学位论文，2014.

［233］刘志明. 跨文化视角下在线评论有用性研究——基于说服双过程模型［J］. 江汉学术，2015（4）：76-85.

［234］刘中刚. 广告双面信息的说服效果及影响因素［J］. 广告与传播，2009（2）：85-86.

［235］卢一，熊敏，郑伟. 餐饮产业化现状与发展趋势［J］. 四川旅游

学院学报,2014(3):32-35,40.

[236] 陆丹妮,王风华.企业微博信息的双面性对消费者购买意愿的影响[J].上海管理科学,2013,35(6):30-35.

[237] 宁连举,孙韩.在线负面评论对网络消费者购买意愿的影响[J].技术经济,2014,33(3):54-59.

[238] 牛晴.消费者选择网上店铺的影响因素的研究[D].华南理工大学硕士学位论文,2011.

[239] 施娟,于洪彦.顾客期望的构成与驱动因子的关系[J].经济管理,2008(1):65-69.

[240] 寿志钢,王峰,贾建民.顾客累积满意度的测量——基于动态顾客期望的解析模型[J].南开管理评论,2011,14(3):142-150.

[241] 苏晶蕾,银成钺,郭帅.网上产品展示中感觉线索对消费者购买意愿的影响:基于心象理论的视角[J].营销科学学报,2016,12(2):87-99.

[242] 孙海法,朱莹楚.案例研究法的理论与应用[J].科学管理研究,2004(1):116-120.

[243] 孙洪杰,周庭锐.消费者基于选择集的情境效应[J].心理科学进展,2010(6):997-1003.

[244] 王丹萍,庄贵军,周茵.信息框架对广告态度的影响:论据强度的中介作用[J].管理科学,2014,27(1):75-85.

[245] 王瑞峰.餐饮企业营销策略研究[D].内蒙古大学硕士学位论文,2011.

[246] 王爽,陆娟,姜旭平.信息劝说方式对消费者态度的影响——基于产品知识水平的调节效应[J].营销科学学报,2012,8(4):105-117.

[247] 王卫东,汪纯孝,岑成德.期望、需要、服务实绩与顾客满意程度关系的实证研究[J].南开管理评论,1999(1):13-17.

[248] 吴波,李东进,张初兵.消费者努力研究述评与展望[J].外国经济与管理,2015,37(9):68-79.

[249] 吴明隆.SPSS统计应用实务:问卷分析与应用统计[M].北京:科学出版社,2003.

[250] 熊曙初,罗毅辉.零售企业公开信息对顾客感知—满意—忠诚关系的影响[J].中国软科学,2008(6):99-108.

[251] 徐洁, 周宁. 认知需求对个体信息加工倾向性的影响 [J]. 心理科学进展, 2010, 18 (4): 685-690.

[252] 徐娴英, 马钦海. SERVQUAL 服务质量测量方法改进与应用研究 [J]. 东北大学学报 (自然科学版), 2010, 31 (8): 1208-1212.

[253] 徐娴英, 马钦海. 基于期望视角的感知服务质量与顾客满意度区别研究 [J]. 数理统计与管理, 2012, 31 (5): 863-870.

[254] 徐娴英, 马钦海. 期望与感知服务质量、顾客满意的关系研究 [J]. 预测, 2011, 30 (4): 14-19.

[255] 徐娴英, 吴诗宇, 马钦海. 顾客期望研究述评及其多维化结构分析 [J]. 南大商学评论, 2016, 13 (2): 105-123.

[256] 严欢, 周庭锐, 黄能伟. 过度分类效应: 分类数量如何影响多样性感知及消费者满意 [J]. 营销科学学报, 2010, 6 (4): 1-13.

[257] 叶东海. 产品信息传达中注入人文要素的方式研究 [D]. 重庆大学硕士学位论文, 2007.

[258] 殷国鹏. 消费者认为怎样的在线评论更有用? ——社会性因素的影响效应 [J]. 管理世界, 2012 (12): 115-124.

[259] 银成钺, 徐晓红. 基于归因理论的顾客对供应链其他成员服务失误的反应研究 [J]. 管理学报, 2011 (8): 1213-1220.

[260] Yin R K. 案例研究: 设计与方法 [M]. 周海涛等译. 重庆: 重庆大学出版社, 2005.

[261] 张静. 大学生认知需求、情绪和框架对风险决策的影响研究 [D]. 哈尔滨师范大学硕士学位论文, 2013.

[262] 张蕾, 高登第. 广告明暗示程度对态度形成的影响——认知需求和消费者知识的扰动作用 [J]. 当代经济科学, 2008, 30 (4): 57-61.

[263] 张龙, 鲁耀斌, 林家宝. 多维多层尺度下移动服务质量测度的实证研究 [J]. 南开管理评论, 2009, 12 (3): 35-44.

[264] 张明辉. 消费者网上商店影响因素研究 [D]. 重庆大学硕士学位论文, 2008.

[265] 张全成等. 消费者决策行为的吸引效应及其形成机理探析 [J]. 商业研究, 2012 (419): 67-71.

[266] 张全成等. 消费者决策行为中的情境效应研究评述及展望 [J]. 软科学, 2011 (1): 130-134.

[267] 张全成, 刘阳. 图形面积判断任务下信息加工模式和信息呈现方式对吸引效应的影响 [J]. 心理学报, 2014, 46 (11): 1639-1648.

[268] 张全成. 消费者决策中的情境效应作用机制及其对支付意愿的影响探究 [J]. 消费经济, 2011 (5): 74-77.

[269] 张新安, 田澎. 应用 SERVQUAL 标尺的若干问题及改进 [J]. 系统工程理论与实践, 2006 (6): 41-47.

[270] 张永建. 负面网络口碑信息对消费者品牌态度的影响 [D]. 南京大学硕士学位论文, 2011.

[271] 赵春胜. 顾客期望影响因素实证研究 [D]. 吉林大学硕士学位论文, 2006.

[272] 郑亚楠, 周庭锐. 连续服务情景中启动信息对顾客购买意愿的影响 [J]. 营销科学学报, 2010, 6 (1): 13-23.

[273] 周建青. 一图抵千言——谈图片在版面中的功能及运用 [J]. 探讨与创新, 2003 (8): 23-24.

[274] 朱沆, 汪纯孝, 岑成德, 谢礼珊. 服务质量属性的实证研究 [J]. 商业研究, 1999, 17 (6): 82-84.

[275] 朱翊敏. 慈善营销中契合类型与信息框架对消费者响应的影响 [J]. 南开管理评论, 2014, 17 (4): 128-139.

附　录

附录 I　人口统计变量与认知需求

此问卷题目来源于认知需求分析量表，没有好坏之分，不会对您产生任何影响。

1. 您的性别［单选题］
○男
○女

2. 您的年龄［单选题］
○18 岁及以下
○19~30 岁
○31~60 岁
○61 岁及以上

3. 您的学历［单选题］
○初中及以下
○高中
○大专
○本科
○研究生及以上

4. 您的月收入水平［单选题］
○1000 元及以下
○1001~3000 元
○3001~5000 元

○5001~8000 元

○8001 元及以上

5. 我喜欢复杂的问题胜于简单的问题［单选题］

完全不符合○1　○2　○3　○4　○5　○6　○7 完全符合

6. 我喜欢负责处理一件需要做很多思考的事情［单选题］

完全不符合○1　○2　○3　○4　○5　○6　○7 完全符合

7. 对我来说思考不是有趣的事［单选题］

完全不符合○7　○6　○5　○4　○3　○2　○1 完全符合

8. 我宁愿做那些不用怎么动脑的事情，而不愿做肯定会挑战我的思考能力的事情［单选题］

完全不符合○7　○6　○5　○4　○3　○2　○1 完全符合

9. 我尽量去遇见并避免那些有可能使我不得不对某事做深入思考的情形［单选题］

完全不符合○7　○6　○5　○4　○3　○2　○1 完全符合

10. 我会从长时间的仔细思考中获得满足感［单选题］

完全不符合○1　○2　○3　○4　○5　○6　○7 完全符合

11. 我只会在迫不得已的情况下才努力思考某个问题［单选题］

完全不符合○7　○6　○5　○4　○3　○2　○1 完全符合

12. 我宁愿去想一些小事情的日常计划，而不喜欢做长远规划［单选题］

完全不符合○7　○6　○5　○4　○3　○2　○1 完全符合

13. 我喜欢做那些一旦学会了就不用再动脑子的事情［单选题］

完全不符合○7　○6　○5　○4　○3　○2　○1 完全符合

14. 依赖于思考使自己成为最优秀的，这种想法很吸引我［单选题］

完全不符合○1　○2　○3　○4　○5　○6　○7 完全符合

15. 我真的很喜欢那些要想出新方法来解决问题的任务［单选题］

完全不符合○1　○2　○3　○4　○5　○6　○7 完全符合

16. 学习思考的新方法并不能使我很兴奋［单选题］

完全不符合○7　○6　○5　○4　○3　○2　○1 完全符合

17. 我喜欢我的生活充满了必须解决的难题［单选题］

完全不符合○1　○2　○3　○4　○5　○6　○7 完全符合

18. 对抽象问题的思考很吸引我 [单选题]

完全不符合○1　○2　○3　○4　○5　○6　○7 完全符合

19. 我喜欢那种考验智力的，困难的而且重要的任务胜于那种有点重要但不需要进行很多思考的任务 [单选题]

完全不符合○1　○2　○3　○4　○5　○6　○7 完全符合

20. 在完成一项需要耗费很多脑力劳动的任务后，我觉得如释重负而不是感到满足 [单选题]

完全不符合○7　○6　○5　○4　○3　○2　○1 完全符合

21. 对我来说，只要工作完成了就足够了，我并不关心完成的方式或原因 [单选题]

完全不符合○7　○6　○5　○4　○3　○2　○1 完全符合

22. 我通常在事情完成以后还在思考，即使这些事情并不对我自己构成影响 [单选题]

完全不符合○1　○2　○3　○4　○5　○6　○7 完全符合

23. 在您外出旅游前，更倾向于哪种方式？[单选题]

○查询各类网站信息，制定各种攻略

○来一场说走就走的旅行

24. 在您购买手机时，更倾向于哪种方式？[单选题]

○搜集各种相关信息，反复比较，最终购买

○没有搜集很多信息，通过外观、品牌等少数信息进行购买

25. 在您或您为孩子选择教育机构时，更倾向于哪种方式？[单选题]

○搜集各种信息，实地考量，最终选择

○哪家最出名就选哪一家

附录Ⅱ　服务属性筛选

尊敬的女士/先生：

您好！这份问卷是为了研究饭店餐饮消费和家居行业消费中消费者选择行为的影响因素而设计的，以便我们更好地为您提供服务。请根据您的

直观感受，在相应的答案上打"√"。

本调查以匿名方式进行，调查结果仅供科研之用。对于您的支持和合作，我们表示衷心的感谢！

请在以下每一个行业的十个属性中最多选择四个您认为最重要的属性，并打上"√"。

谢谢您的配合！

一、饭店餐饮行业

1. 菜品卫生情况
2. 价格合理
3. 服务主动、热情
4. 就餐时欣赏特色表演
5. 餐厅整洁卫生
6. 服务人员仪表大方
7. 菜品齐全
8. 菜肴美味可口
9. 餐厅不定期推出优惠活动
10. 若需等位，饭店会提供相应补偿活动（如赠送菜品）

二、家居行业

1. 可以体验
2. 质量
3. 呈现出设计格局
4. 提供餐饮服务、休息区域
5. 物品按类别陈列
6. 自助式选购
7. 服务人员积极推销产品
8. 购物环境宽敞、明亮
9. 选购家具时随机挑选小物件
10. 提供送货服务

谢谢合作！

附录Ⅲ　顾客选择情景调查问卷

尊敬的女士/先生：

您好！这份问卷是为了研究饭店餐饮消费和家居行业消费中消费者选择行为的影响因素而设计的，以便我们更好地为您提供服务。请根据您的直观感受，在相应的答案上打"√"。

本调查以匿名方式进行，调查结果仅供科研之用。对于您的支持和合作，我们表示衷心的感谢！

谢谢您的配合！

一、基本情况

1. 性别

　A. 男　　　B. 女

2. 年龄

　A. 20 岁以下　B. 20~30 岁　C. 30~40 岁　D. 40 岁以上

3. 婚育状况

　A. 单身　B. 恋爱　C. 已婚

4. 每月生活费

　A. 1000 元及以下　　　　B. 1001~2000 元

　C. 2001~3000 元　　　　D. 3001 元及以上

二、认知评价

（一）餐饮行业

想象如下情形：逛街时您想要就餐，在您面前有两家餐厅可以选择。查找多种团购软件发现：A 餐厅菜品齐全卫生、菜肴美味可口、服务热情周到、环境宽敞明亮，但是 A 餐厅价格略高且无优惠活动；B 餐厅适合个人就餐，自助选购食材，有多种优惠套餐，但是存在菜品口味一般的现象，然而 B 餐厅价格偏低。

这种情形下，您会选择 A 餐厅还是 B 餐厅：

　A. A 餐厅　　　　　　　　B. B 餐厅

（二）家居行业

想象如下情形：您新购置了一处房产，想要选购家具，目前有两家家居市场可供选择：A家居市场可以体验，无推销人员，自助式选购，购买者要自己进行安装，价格较为低廉。选购过程中，家居市场提供餐饮服务以及儿童玩耍区域。但是，部分家具存在质量问题。B家居市场向购买者呈现出设计格局。推销人员热情主动，会根据您的个人喜好为您搭配相应的家具，购买者无须自行安装，家具价格合理且质量较好。但是，购买者不能体验且没有休息区域。

这种情形下，您会选择A家居市场还是B家居市场：

A. A家居市场　　　　　B. B家居市场

附录Ⅳ　认知需求量表

非常感谢您在百忙之中参与本次问卷调查。本问卷是沈阳航空航天大学经济与管理学院开展的一项学术研究的调查。由于调查的样本有限，您的数据将是此项研究的重要依据，敬请您务必根据自身实际情况回答下面的每一个问题。本问卷采用不记名方式填答，所获资料仅供整体分析研究，决不会进行其他处理和披露，敬请放心！谢谢您的合作与支持！

依据您自己的感受确定下列每一项问题的同意或是不同意的程度，并在相应的数字后标记"√"，数字代表您相应的同意程度：

1＝完全不同意，2＝不同意，3＝有点不同意，4＝中立，5＝有点同意，6＝同意，7＝完全同意。

完全不同意 ──────→ 完全同意

性别：

A. 男　B. 女

1. 相比简单的问题，我更喜欢复杂的问题。

〇1　〇2　〇3　〇4　〇5　〇6　〇7

2. 我更喜欢处理一些需要深度思考的问题。

〇1　〇2　〇3　〇4　〇5　〇6　〇7

3. 思考不是我的兴趣。
○1 ○2 ○3 ○4 ○5 ○6 ○7

4. 我更喜欢做那些不太需要思考的事情，而不是那些会挑战我思考能力的事情。
○1 ○2 ○3 ○4 ○5 ○6 ○7

5. 我试图预期并避免那些可能需要我深度思考事情的问题。
○1 ○2 ○3 ○4 ○5 ○6 ○7

6. 我会从深度思考中得到满足。
○1 ○2 ○3 ○4 ○5 ○6 ○7

7. 我只在必要的时候才思考。
○1 ○2 ○3 ○4 ○5 ○6 ○7

8. 相比那些耗时久的，我更喜欢一些思考较少、常规的项目。
○1 ○2 ○3 ○4 ○5 ○6 ○7

9. 我喜欢接受一些一旦我学会就不用再思考的任务。
○1 ○2 ○3 ○4 ○5 ○6 ○7

10. 想要达到顶峰的意念一直吸引着我。
○1 ○2 ○3 ○4 ○5 ○6 ○7

11. 我非常喜欢提出解决问题的新的办法。
○1 ○2 ○3 ○4 ○5 ○6 ○7

12. 获得一些新的思考方式并没有让我感到很兴奋。
○1 ○2 ○3 ○4 ○5 ○6 ○7

13. 我喜欢让我的生活充满我必须解决的各种谜题。
○1 ○2 ○3 ○4 ○5 ○6 ○7

14. 思想理论知识很吸引我。
○1 ○2 ○3 ○4 ○5 ○6 ○7

15. 相比不需要深思熟虑的问题，我更喜欢那些需要理智思考的。
○1 ○2 ○3 ○4 ○5 ○6 ○7

16. 当我完成一项需要很多脑力劳动的任务后，我感觉到轻松而不是满足。
○1 ○2 ○3 ○4 ○5 ○6 ○7

17. 对我来说工作能完成就足够了，我不关心如何或是为什么。
○1 ○2 ○3 ○4 ○5 ○6 ○7

附录Ⅴ 企业信息呈现方式对顾客期望的影响调查问卷

请您根据您对展示的信息的感受来回答这份问卷。依据您自己的感受确定下列每一项问题的同意或是不同意的程度,并在相应的数字后标记"√",数字代表您相应的同意程度:

1=完全不同意,2=不同意,3=有点不同意,4=中立,5=有点同意,6=同意,7=完全同意。

完全不同意 —————————→ 完全同意

实验一

材料一:本店环境优雅,菜品众多,除了一般的传统炒菜之外,蒸菜是店内一大特色,菜品口感鲜美,口味独特,令您感受舌尖上的雀跃,好吃不贵,绝对的经济实惠。

请根据您对材料一展示的信息的感受来回答以下问题:

1. 外出就餐营养健康对我来讲非常重要。

○1　○2　○3　○4　○5　○6　○7

2. 我认为这家餐厅能提供营养健康的餐饮。

○1　○2　○3　○4　○5　○6　○7

材料二:本店环境优雅、菜品众多,除了一般的传统炒菜之外,蒸菜是店内一大特色,蒸菜用蒸笼细细慢慢地蒸,以蒸汽为传热介质,可以保证温度不会过高,避免对很多种类营养素的破坏,最大限度地保持食物的原汁原味和营养,避免了煎、炸造成有效成分的破坏和有害物质的产生。而且蒸菜含油脂少、热量低,易于消化吸收。蒸制过程中以水渗热、阴阳共济,吃了不易上火,所用调料量少,清淡养胃,有利于消费者的保健养生。蒸菜选料力求新鲜,原料的新鲜程度在很大程度上决定了菜肴的品质和营养,新鲜原料能够保证蒸菜口味纯正。菜肴在蒸制过程中,能最大程度消除菜品原料中的有害成分,餐具也得到蒸汽的消毒。菜品口感鲜美,口味独特,令您感受舌尖上的雀跃。

请根据您对材料二展示的信息的感受来回答以下问题:

1. 外出就餐营养健康对我来讲非常重要。
○1 ○2 ○3 ○4 ○5 ○6 ○7
2. 我认为这家餐厅能提供营养健康的餐饮。
○1 ○2 ○3 ○4 ○5 ○6 ○7
请回忆并写下在材料二中所见到的蒸菜对身体健康的益处有哪些？

实验二

材料三：本店装修时尚、干净整洁、环境优雅；菜肴分量充足；目前有丰富的菜品种类可供选择；若对我们的服务有任何不满意，您可以拨打投诉电话，及时处理您的问题；好吃不贵，绝对的经济实惠。

请根据您对材料三展示的信息的感受来回答以下问题：

1. 菜品种类丰富对我来说非常重要。
○1 ○2 ○3 ○4 ○5 ○6 ○7
这家餐厅能提供丰富的菜品。
○1 ○2 ○3 ○4 ○5 ○6 ○7
2. 我认为餐厅的投诉处理服务非常重要。
○1 ○2 ○3 ○4 ○5 ○6 ○7
这家餐厅能较好地处理投诉问题。
○1 ○2 ○3 ○4 ○5 ○6 ○7

材料四：本店装修时尚、干净整洁、环境优雅；菜肴分量充足；坦率地讲，本店菜品种类有限；就餐时若有问题您可以找服务员处理，暂时还不支持电话投诉服务；来过的顾客都反映好吃不贵，绝对的经济实惠。

请根据您对材料四展示的信息的感受来回答以下问题：

1. 菜品种类丰富对我来说非常重要。
○1 ○2 ○3 ○4 ○5 ○6 ○7
这家餐厅能提供丰富的菜品。
○1 ○2 ○3 ○4 ○5 ○6 ○7
2. 我认为餐厅的投诉处理服务非常重要。
○1 ○2 ○3 ○4 ○5 ○6 ○7
这家餐厅能较好地处理投诉问题。
○1 ○2 ○3 ○4 ○5 ○6 ○7

实验三

材料五：本店环境优雅，菜品众多，除了一般的传统炒菜之外，蒸菜是店内一大特色,菜品口感鲜美,口味独特,令您感受舌尖上的雀跃,好吃不贵,绝对的经济实惠。

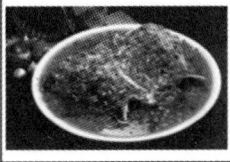

图片信息特征

请根据您对材料五展示的信息的感受来回答以下问题:
1. 外出就餐营养健康对我来讲非常重要。
○1　○2　○3　○4　○5　○6　○7
2. 我认为这家餐厅能提供营养健康的餐饮。
○1　○2　○3　○4　○5　○6　○7

材料六:本店环境优雅,菜品众多,除了一般的传统炒菜之外,蒸菜是店内一大特色,菜品口感鲜美,口味独特,令您感受舌尖上的雀跃,好吃不贵,绝对的经济实惠。

图片信息特征

请根据您对材料六展示的文字结合图片的信息的感受，回答以下问题：

1. 外出就餐营养健康对我来讲非常重要。
○1　○2　○3　○4　○5　○6　○7

2. 我认为这家餐厅能提供营养健康的餐饮。
○1　○2　○3　○4　○5　○6　○7

请回忆并写下在图片中所见到的内容。

附录Ⅵ　负面在线评论对顾客选择影响的预调查问卷

尊敬的先生/女士：

您好！

非常感谢您参与×××大学经管学院关于负面在线评论的预调查。请您根据自己的真实感受填写这份问卷。问卷调查所获得的数据将是我们研究和分析的重要依据。请在您认为最符合的选项处打"√"。

第一部分：基本信息

填答说明，请您填答个人基本资料，在（　）处打"√"。

1. 性别：

（1）男　　　　（2）女

2. 年龄：

（1）24岁及以下　（2）25～35岁　（3）36～45岁　（4）46岁及以上

3. 您有网购经历吗？

（1）有　（2）没有

4. 您网上购物前会阅读相关在线评论吗？

（1）不阅读　（2）较少阅读　（3）较多阅读

第二部分：关于负面在线评论占比的调查

负面在线评论所占比例指某一产品中的负面评论（差评）数与总评论数的比值。

1. 根据负面在线评论所占比例的描述，您认为低度的负面在线评论占比对应哪个数值：

1/10 2/10 3/10 4/10 5/10 6/10

2. 根据负面在线评论所占比例的描述，您认为高度的负面在线评论占比对应哪个数值：

1/10 2/10 3/10 4/10 5/10 6/10

第三部分：关于负面化属性的调查

下面是与服装相关的一系列属性，请您评价其对于网络购买服装的重要程度，1 表示非常不重要，7 表示非常重要。

属性	重要程度
（1）包装	1—2—3—4—5—6—7
（2）面料	1—2—3—4—5—6—7
（3）款式	1—2—3—4—5—6—7
（4）做工	1—2—3—4—5—6—7
（5）规格尺寸	1—2—3—4—5—6—7
（6）颜色	1—2—3—4—5—6—7
（7）服务态度	1—2—3—4—5—6—7
（8）物流	1—2—3—4—5—6—7
（9）设计师	1—2—3—4—5—6—7
（10）生产年份	1—2—3—4—5—6—7
（11）品牌	1—2—3—4—5—6—7
（12）辅料（拉链、扣子等）	1—2—3—4—5—6—7

附录Ⅶ 负面在线评论对顾客选择行为影响的正式实验问卷

尊敬的朋友：

您好！本问卷匿名填写，您的答案没有正确与错误之分，请根据您真实的想法填写，问卷结果仅作为学术用途。衷心感谢您的参与和帮助！（回答问题时，请您在您最认同的数字上打"√"，第二部分情景实验问题中 1 代表您的选择可能性最低，7 代表可能性最高）

第一部分：基本信息

填答说明，请您填答个人基本资料，在（　）处打"√"。

1. 性别：

（1）男　（2）女

2. 年龄：

（1）20 岁及以下　（2）21～25 岁　（3）26～30 岁　（4）31 岁及以上

3. 受教育程度：

（1）本科　（2）硕士　（3）博士　（4）其他

4. 您有网购经历吗？

（1）有　（2）没有

5. 过去一年您网购的次数：

（1）0 次　（2）1～3 次　（3）4～7 次　（4）8～15 次　（5）16 次及以上

6. 您网上购物前会阅读产品在线评论吗？

（1）不阅读　（2）较少阅读　（3）较多阅读

7. 请回忆您的网购经历，您一般在网上购物前阅读的在线评论的平均数量是

（1）只看第一页，最新的评论　（2）看完第一页，继续翻看下面几页

8. 请回忆您的网购经历，您一般在网上购物前阅读在线评论的习

惯是

(1) 以默认的形式，从第一页开始阅读　　(2) 特别点开差评阅读

第二部分：情景实验

实验一

问卷 A 组：

请您想象自己最近打算通过网络购买一件外套，经过仔细地查找，比较了多家网店之后，您确定了几家备选，在其中的某家网站，人气、销量、信用等方面感觉都非常不错。接着，您查看了该产品的在线评论：

(1) 累计评论 30，只有好评，没有差评。

请问您选择在该商家购买此外套的可能性　1 ＿＿　2 ＿＿　3 ＿＿　4 ＿＿ 5 ＿＿　6 ＿＿　7 ＿＿

(2) 累计评论 30，其中有好评也有差评，差评数量为 3。

请问您选择在该商家购买此外套的可能性　1 ＿＿　2 ＿＿　3 ＿＿　4 ＿＿ 5 ＿＿　6 ＿＿　7 ＿＿

(3) 累计评论 30，其中有好评也有差评，差评数量为 9。

请问您选择在该商家购买此外套的可能性　1 ＿＿　2 ＿＿　3 ＿＿　4 ＿＿ 5 ＿＿　6 ＿＿　7 ＿＿

问卷 B 组：

请您想象自己最近打算通过网络购买一件外套，经过仔细地查找，比较了多家网店之后，您确定几家备选，在其中的某家网站，人气、销量、信用等方面感觉都非常不错。接着，您查看了该产品的在线评论，

(1) 累计评论 1302，只有好评，没有差评。

请问您选择在该商家购买此外套的可能性　1 ＿＿　2 ＿＿　3 ＿＿　4 ＿＿ 5 ＿＿　6 ＿＿　7 ＿＿

(2) 累计评论 1302，其中有好评也有差评，差评数量为 130。

请问您选择该商家产品的可能性　1 ＿＿　2 ＿＿　3 ＿＿　4 ＿＿　5 ＿＿　6 ＿＿　7 ＿＿

(3) 累计评论 1302，其中有好评也有差评，差评数量为 391。

请问您选择在该商家购买此外套的可能性　1 ＿＿　2 ＿＿　3 ＿＿　4 ＿＿ 5 ＿＿　6 ＿＿　7 ＿＿

实验二

问卷 C1 组：

顾客选择行为中的多期望作用模式及其更新研究：服务属性视角

1. 请您想象自己最近打算通过网络购买一件外套，经过仔细地查找，比较了多家网店之后，您确定几家备选，在其中的某家网站，人气、销量、信用等方面感觉都非常不错。接着，您查看了该产品的在线评论，其中有好评也有差评。其中，差评如下表所示：

说实话，衣服其他方面都还不错，只是款式和卖家图片不一样，太宽松都没型了，很失望的一次网购！
版型不太好看，同事建议退货，但是想到还要花邮费，就算了
衣服面料手感不错，但是版型和卖家描述不一样，本来以为是修身的，可结果款式偏大，不合身

请问您选择在该商家购买此外套的可能性　1 ____　2 ____　3 ____　4 ____　5 ____　6 ____　7 ____

问卷 C2 组：

2. 请您想象自己最近打算通过网络购买一件外套，经过仔细地查找，比较了多家网店之后，您确定几家备选，在其中的某家网站，人气、销量、信用等方面感觉都非常不错。接着，您查看了该产品的在线评论，其中有好评也有差评。差评如下表所示：

衣服与图片相差太大，说是黑色，运过来怎么是褐黑色？有色差，这次购物不是很满意
衣服穿着挺合身，只是面料摸着手感不好，穿起来不舒服
衣服上有很多线头，口袋缝制得不够精致，做工粗糙，就当花钱买了教训

请问您选择在该商家购买此外套的可能性　1 ____　2 ____　3 ____　4 ____　5 ____　6 ____　7 ____

问卷 D1 组：

3. 请您想象自己最近打算通过网络购买一件外套，经过仔细地查找，比较了多家网店之后，您确定几家备选，在其中的某家网站，人气、销量、信用等方面感觉都非常不错。接着，您查看了该产品的在线评论，其中有好评也有差评。差评如下表所示：

衣服还可以，就是快递太慢了，八九天才邮到，最后联系客服，他却不理我了，态度太差了，怎么说呢，差评吧
我这个是给物流差评的，衣服质量还不错，上身效果也挺好，就是快递态度实在不行，建议掌柜换家物流
衣服到本地三天了，我都没收到货，联系客服没回复，不满意的一次购物

请问您选择在该商家购买此外套的可能性　1＿＿　2＿＿　3＿＿　4＿＿　5＿＿　6＿＿　7＿＿

问卷 D2 组：

4. 请您想象自己最近打算通过网络购买一件外套，经过仔细地查找，比较了多家网店之后，您确定几家备选，在其中的某家网站，人气、销量、信用等方面感觉都非常不错。接着，您查看了该产品的在线评论，其中有好评也有差评。差评如下表所示：

我明明要蓝色，卖家给我发的黑色，跟客服反映不回复，太生气了
版型还可以，但是穿上之后发现袖口处的扣子居然是坏的，挺失望的
衣服送来的时候也就只有一个普通的透明袋子装着，包装实在太差了，有点失望

请问您选择在该商家购买此外套的可能性　1＿＿　2＿＿　3＿＿　4＿＿　5＿＿　6＿＿　7＿＿

实验三

问卷 E1 组：

1. 请您想象自己最近打算通过网络购买一件外套，经过仔细地查找，比较了多家网店之后，您确定几家备选，在其中的某家网站，人气、销量、信用等方面感觉都非常不错。接着，您查看了该产品评论时间在最近一周内的在线评论，

（1）累计评论 30，只有好评，没有差评。

请问您选择在该商家购买此外套的可能性　1＿＿　2＿＿　3＿＿　4＿＿　5＿＿　6＿＿　7＿＿

（2）累计评论 30，其中有好评也有差评，差评数量为 3。

请问您选择在该商家购买此外套的可能性　1＿＿　2＿＿　3＿＿　4＿＿

5 ____ 6 ____ 7 ____

（3）累计评论 30，其中有好评也有差评，差评数量为 9。

请问您选择在该商家购买此外套的可能性　1 ____ 2 ____ 3 ____ 4 ____
5 ____ 6 ____ 7 ____

问卷 E2 组：

2. 请您想象自己最近打算通过网络购买一件外套，经过仔细地查找，比较了多家网店之后，您确定几家备选，在其中的某家网站，人气、销量、信用等方面感觉都非常不错。接着，您查看了该产品评论时间在 6 个月之前的在线评论。

（1）累计评论 30，只有好评，没有差评。

请问您选择在该商家购买此外套的可能性　1 ____ 2 ____ 3 ____ 4 ____
5 ____ 6 ____ 7 ____

（2）累计评论 30，其中有好评也有差评，差评数量为 3。

请问您选择在该商家购买此外套的可能性　1 ____ 2 ____ 3 ____ 4 ____
5 ____ 6 ____ 7 ____

（3）累计评论 30，其中有好评也有差评，差评数量为 9。

请问您选择在该商家购买此外套的可能性　1 ____ 2 ____ 3 ____ 4 ____
5 ____ 6 ____ 7 ____

实验四

问卷 F1 组：

1. 请您想象自己最近打算通过网络购买一件外套，经过仔细地查找，比较了多家网店之后，您确定几家备选，在其中的某家网站，人气、销量、信用等方面感觉都非常不错。接着，您查看了该产品评论时间在最近一周内的在线评论，其中有好评也有差评。

（1）差评集中提到外套一个方面不尽人意，其他方面都还不错。

请问您选择在该商家购买此外套的可能性　1 ____ 2 ____ 3 ____ 4 ____
5 ____ 6 ____ 7 ____

（2）差评提到外套三个方面都不尽人意。

请问您选择在该商家购买此外套的可能性　1 ____ 2 ____ 3 ____ 4 ____
5 ____ 6 ____ 7 ____

问卷 F2 组：

2. 您想象自己最近打算通过网络购买一件外套，经过仔细地查找，比较了多家网店之后,您确定几家备选,在其中的某家网站,人气、销量、信用等方面感觉都非常不错。接着,您查看了该产品评论时间在 6 个月之前的在线评论,其中有好评也有差评。

（1）差评集中提到外套一个方面不尽人意,其他方面都还不错。

请问您选择在该商家购买此外套的可能性　1＿＿＿　2＿＿＿　3＿＿＿　4＿＿＿　5＿＿＿　6＿＿＿　7＿＿＿

（2）差评提到外套三个方面都不尽人意。

请问您选择在该商家购买此外套的可能性　1＿＿＿　2＿＿＿　3＿＿＿　4＿＿＿　5＿＿＿　6＿＿＿　7＿＿＿

附录Ⅷ　基于归因理论的顾客期望变更研究的调查问卷

卷首语：问卷调查所得数据仅供调研之用,并非用于其他商业用途,请您放心作答！

A. 请填写您的基本信息：

1. 您的性别：

a. 男　b. 女

2. 您的年龄：

a. 18～25 岁　b. 26～35 岁　c. 36～45 岁　d. 46～55 岁　e. 56 岁及以上

3. 您的学历：

a. 高中及以上　b. 专科及本科　c. 硕士及以上

4. 您的职业：

a. 学生　b. 企业职员　c. 其他

5. 您外出就餐的频率为：

a. 频繁（每周）　b. 经常（每月）　c. 偶尔（几个月）　d. 根本没时间外出就餐

B. 请您阅读下面的情境描述并回答相关问题,问题答案无对错之分,只要反映您个人的真实意向即可,请依照您的看法选取合适选项并在后面打"√"。情境描述如下：

A餐厅品牌创建于2000年,历经十多年的发展,已经成长为遍布全国的连锁餐饮企业。秉承"通过精心挑选的产品和创新的服务,创造欢乐餐饮时光,向美食爱好者传递健康饮食文化"的公司使命,首先,A餐厅深知食品安全管理的重要性,也一直在强化消费者与社会的信任。其次,作为大型连锁餐饮企业,A餐厅秉承诚信经营的理念,以提升食品质量的稳定性为前提条件,为广大消费者提供更贴心的服务和更健康、更营养、更放心的食品,为顾客打造超越期望值的欢乐聚餐时光和独特的A餐厅体验文化。

此部分增加的是关于服务感知评价和归因的情境描述,如实验设计共12种情境,具体内容参见下面情境组成列表。

请您对以下问题做出评价:

(1~5分别代表:不同意、较不同意、一般、较同意、同意;低、较低、一般、较高、高)

1. 对此餐厅整体感知(如实力水平、服务水平、菜品质量)的期望水平 1 ____ 2 ____ 3 ____ 4 ____ 5 ____

2. 对此餐厅能满足顾客个人需求(如定制化服务、个人喜好)的期望水平 1 ____ 2 ____ 3 ____ 4 ____ 5 ____

3. 对此餐厅服务可靠性(如很少出现服务差错、菜品差错)的期望水平 1 ____ 2 ____ 3 ____ 4 ____ 5 ____

再次感谢您的认真参与!

情境组成列表:

1~4分别是内因与满意、外因与满意、内因与不满意、外因与不满意的组合;

5~8分别是偶然与满意、经常与满意、偶然与不满意、经常与不满意的组合;

9~12分别是可控与满意、不可控与满意、可控与不满意、不可控与不满意的组合。

附录Ⅸ　期望变更研究中的 12 种情景

1. 唐先生和朋友慕名前往 A 餐厅用餐，根据唐先生的需求，餐厅推荐了沉浸式互动宴会厅，其特殊性在于它以花鸟等自然美景为元素，这样的餐厅让菜肴变得格外有灵性，宾客也可以环游世界、遨游太空、体验南国的碧海蓝天等。一同前来的朋友对唐先生的款待纷纷竖起大拇指。在交谈中得知，A 餐厅经营者非常重视提升店内装饰品位，这也是 A 餐厅投入大量资金对餐厅服务设施进行完善的结果。

2. 某日唐先生和商业伙伴前往 A 餐厅进行商业洽谈。在消费过程中，餐厅中便捷的设施设备（如打印机、网络接口、多媒体视听设备等）非常符合他们办公的需求，唐先生对此极为赞赏。在交谈中唐先生得知，原来是最近政府部门针对商务服务场所强制出台了《商务服务设施标准管理办法》，这些设施是餐厅按照政府部门制定的管理办法进行标准配置的结果。

3. 一日，唐先生和朋友慕名前往 A 餐厅用餐，在餐厅唐先生遇到了老朋友张先生，在交谈中得知，张先生是这家餐厅的老顾客，也经常来此用餐，但是最近餐厅的菜品口味有些许变化，出现咸淡不均的现象，这让张先生十分郁闷。得知朋友的情况后，唐先生和张先生一同前往餐厅前台询问。服务人员声称自己也不太清楚这方面的问题，因为店里用餐的人比较多，所以餐厅厨师有时候会忙不过来，因此不能保证口味挑剔的每个顾客都满意。

4. 唐先生及朋友等慕名前往 A 餐厅聚餐。由于饭后唐先生醉酒不小心把大厅的一装饰雕像碰倒摔碎。餐厅随即要求其负全责赔偿，大堂经理解释道，餐厅内部已经对雕像采取加固及围挡等防护措施，并设置有危险提醒等警示标志。唐先生认为自己是在醉酒状态下失手碰倒的所以不应负全责。双方固执己见，准备找警察调解。

5. 唐先生和朋友慕名前往 A 餐厅聚餐，就餐期间餐厅突然停电，经了解是邻近道路水管抢修而采取的临时限电，客服经理随即出面向大家解释道歉并安抚情绪，同时餐厅方面也立即启动应急预案，免费向顾客提供了特制的红酒和精致的蜡烛，虽然停电了，但餐厅的应急措施让一次停电事故变成了浪漫的烛光晚餐,这一切唐先生和朋友很意外也很惊喜。

6. 唐先生及朋友等在 A 餐厅聚餐,发现虽然 A 餐厅地处闹市,但餐厅内仍恬静宜人,是实在不可多得的会餐交友场所。在随后的聊天中得知,为了给顾客提供一个惬意安静的就餐环境,确保在营业过程中不会出现噪声,A 餐厅从开业至今一直采用隔音效果最好的装修材料。

7. 一日中午,唐先生及朋友共七人慕名前往 A 餐厅,餐厅周到的服务和精美的菜品让大家很享受这次聚餐,但是聚餐回家后当夜,唐先生一人出现了腹泻和发烧的症状,想起当天在 A 餐厅吃过饭,唐先生第二天便去餐厅理论。餐厅经理表示餐厅经营很多年了,一直遵守相关规定从未出现过食品安全问题,并且一同就餐的只有唐先生一人出现身体不适的症状,此外并未收到店内当日其他顾客的问题反馈,因此餐厅认为是唐先生个人体质原因,跟餐厅的餐饮服务没有关系,便否决了其提出的赔偿请求。

8. 唐先生及朋友等慕名前往 A 餐厅,期间点了一些鲁菜,众所周知鲁菜口重、量大是其特点,但是所有菜量少得可怜,特别是九转大肠可以直接改名糖醋大肠了,不知道是不是因为催促上菜才做成那样。在大家的质疑声中,餐饮经理不屑地说,其菜品一直是根据一位德高望重的鲁菜泰斗的布置来制作,味道正宗。唐先生等认为餐厅应该常听取客人意见,多进行菜品的改进,让客人吃着更加适口,服务也应该更加亲和,而不是某些泰斗、大师等人物按照自己的想法墨守成规、自娱自乐。

9. 一日,唐先生因工作原因陪同国外的伊斯兰教朋友前往 A 餐厅用餐,但是自己对民族饮食文化等不甚了解。A 餐厅了解情况后,专门为他们提供了特色饮食及餐饮服务,这让唐先生和朋友十分赞赏。后来在跟其他顾客交流中得知,A 餐厅地处一线城市,顾客群体中也有不少少数民族和外国人,饮食文化也就多种多样,为控制服务过程中出现的差错(如给清真食客上错菜品)和更好地跟就餐的国外顾客交流,A 餐厅为此多次对员工进行各地区饮食文化注意事项的知识培训和英语日常用语口语培训。

10. 唐先生为给朋友庆祝生日,特意提前一周向 A 餐厅预订了活动的场地及相关餐饮服务。但在朋友生日的前几天,因近期全市食品安全问题频发,当地政府下文要求全市所有的餐饮服务单位进行为期一天的食品安全卫生停业整改,A 餐厅也包括在其中,整改日期碰巧和唐先生预约日期相同,所以唐先生的预约受影响被取消。A 餐厅接到政府文件后立刻通知了唐先生,并且也悉数退回了唐先生的押金,此外为表歉意也给了一定的代金券。

11. 唐先生和朋友慕名前来 A 餐厅用餐，大家根据餐厅的菜谱推荐点了几个特色菜品，不过在上菜后，大家随即发现，其所上菜品和菜单上展示的菜品有一定的差距，可谓"东施效颦"。在大家的质疑声中唐先生找来了服务经理询问，在了解情况后，服务经理说："近期餐厅厨师的流动性比较大，所以制作的菜品花样有偏差，餐厅也不能保证每道菜品都和菜单照片上的一样。"唐先生及朋友准备向消费者协会投诉。

12. A 餐厅的营业场所地处一商业综合体内，在某日营业过程中，整个商场突然浓烟滚滚，原因是该商场其他层的营业店铺发生火灾，随后商场内所有人员被紧急疏散撤离。当日唐先生也在 A 餐厅消费，因为到餐厅不久刚开始消费，一些服务项目（比如融合武术的捞面表演）还没进行唐先生就被疏散走了，所以唐先生要求 A 餐厅退还当日的部分花费，但餐厅以当日火灾非己方责任拒绝了唐先生的要求。